大学生创新创业与就业指导

王明华 主编

中国原子能出版社
China Atomic Energy Press

图书在版编目（CIP）数据

大学生创新创业与就业指导 / 王明华主编. --北京：
中国原子能出版社，2023.11

ISBN 978-7-5221-2957-0

Ⅰ. ①大… Ⅱ. ①王… Ⅲ. ①大学生–职业选择
Ⅳ. ①G647.38

中国国家版本馆 CIP 数据核字（2023）第 168594 号

大学生创新创业与就业指导

出版发行	中国原子能出版社（北京市海淀区阜成路 43 号　100048）
责任编辑	张　磊
责任印制	赵　明
印　　刷	北京天恒嘉业印刷有限公司
经　　销	全国新华书店
开　　本	787 mm×1092 mm　1/16
印　　张	12
字　　数	210 千字
版　　次	2023 年 11 月第 1 版　2023 年 11 月第 1 次印刷
书　　号	ISBN 978-7-5221-2957-0　　　定　价　68.00 元

网址：**http://www.aep.com.cn**　　　　E-mail：**atomep123@126.com**
发行电话：**010-68452845**

前　言

目前，大学生就业难问题日益凸显并成为一个备受关注的社会问题。不断攀升的大学毕业生人数和增量有限的就业岗位，使得大学毕业生面临日趋严峻的就业形势，同时，社会进步使得大学生自我实现意识增强，于是，越来越多的大学生走上了创新创业之路。创新创业成为当代大学生生存和生活的需要，更成为实现自身价值的重要形式。

青年是国家和民族的希望，创新是社会进步的灵魂，创业是推动经济社会发展、改善民生的重要途径。全社会都要重视和支持青年创新创业，提供更有利的条件，搭建更广阔的舞台，让广大青年在创新创业中焕发出更加夺目的青春光彩。

在高等学校开展创新创业教育，打造良好的创新创业教育环境，优化创新创业的制度和服务环境，营造鼓励创新创业的校园文化环境，积极鼓励高校学生自主创业，是深化高等教育教学改革，培养学生创新精神和实践能力的重要途径；是落实以创业带动就业，促进高校毕业生充分就业的重要措施。

选择了一种职业就是选择了一种人生。随着"精英教育"向"大众教育"的转变，往日的"天之骄子"正面临着就业的严峻挑战。如何规划职业生涯，探求人生发展之路，是每个大学生所面临的最大问题。而如何理解和把握职业规划的"科学性、持续性、经济性和平衡性"四个原则，是值得每个大学生认真思考的问题，也是全社会关注大学生就业应该研究的课题。

职业生涯发展是一个持续不断的探索过程，在这一过程中，每个人都在根据自己的天资、能力、动机、需求、态度和价值观等逐渐形成较为明确的与职业有关的自我概念。大学生处于职业生涯的探索阶段，在迈入社会和走向职场前应充分认识自我，了解自身的优势、职业兴趣和爱好，将现实环境和长远规划相结合，给自己的职业生涯清晰定位，明确未来的工作与人生发展方向，把学与用更加紧密结合，避免"就业错位"，让自己真正赢在起跑线上。

本书共分为五章，第一章为大学生创新创业概述，主要从大学生创新的概念与类型、大学生创业的定义与类型、大学生创业的过程与要素、大学生创业精神与人生发展以及大学生创业的时代环境这五个方面进行详细的论述；第二章为大学生创新训练，主要从大学生创新思维训练、大学生创新创业能力训练以及大学生创新方法这三个方面进行详细的论述；第三章为创业准备与启动，主要从创业环境分析与创业项目选择、商业机会识别、选择合适的市场、新创企业的法律形式这四个方面进行详细的论述；第四章为创业风险管理，主要从大学生创业应注意的问题、大学生创业风险管理、大学生创业风险管理典型成功案例分析、创业全过程风险分析这四个方面进行详细的阐述；第五章为大学生职业规划与就业指导，主要从大学生职业生涯规划的方法与步骤、大学生就业求职技巧、大学生就业机遇的把握、毕业生就业权益保护这四个方面进行详细的论述。

在撰写本书的过程中，笔者得到了许多专家学者的帮助与指导，参考了大量的学术文献，在此表示真诚的感谢，本书内容系统全面，论述条理清晰、深入浅出，但由于作者水平有限，书中难免会有疏漏之处，希望广大读者及时指正。

王明华

2023 年 10 月

目　录

第一章

大学生创新创业概述

在进行大学生创新创业之前，我们需要先对大学生的创新、创业等概念有所了解，因此本章将从大学生创新的概念与类型、大学生创业的定义与类型、大学生创业的过程与要素、大学生创业精神与人生发展以及大学生创业的时代环境这五个方面来进行详细的介绍。

第一节 大学生创新的概念与类型

一、创新的概念

创新是指以提出区别于常规或常人思路的见解为导向，利用现有知识和物质，在特定环境下，本着理想化需求或为满足社会的需求，而改进或创造新的事物、方法、元素、路径和环境，并且能够获得一定有益效果的行为。

创新是一种特征于以新思维、新发明和新描述为基础的概念化过程。它源自拉丁语，具有更新、创造新事物和改变等三个层次的含义。创新是人类独特的认知和实践能力，是人类主观能动性的高级表现，也是推动民族进步和社会发展的不竭动力。理论创新是一个民族走在时代前列的必备条件，对经济、商业、技术、社会和建筑等领域的研究具有重要意义。在我国，常用"创新"一词来表达改革的成果。改革被视为经济发展的主要推动力，促进创新因素在其中扮演着关键的角色。创新概念的理解通常存在着狭义和广义两个层面。

狭义的创新概念立足于把技术和经济结合起来，即创新是一个从新思想的产生到产品设计、制作、生产、营销和市场化的一系列活动。广义的创新概念力求将科学、技术、教育等与经济融会在一起，即创新表现为不同参与者和机构（包括企业、政府、学校、科研机构等）之间交互作用的网络。在这个网络中，任何一个节点都可能成为实现创新行为的特定空间。创新行为因而可以表现在技术、体制或知识等不同层面。

"创新"一词早在《南宋·后妃传上宋世祖殷淑仪》中就曾提到，意为创立或创造新的东西。《韦氏词典》对"创新"下的定义为：引入新概念、新东西和革新。也就是说，"革故鼎新"（前所未有）与"引入"（并非前所未有）都属于创新[①]。

在国际上，奥地利经济学家约瑟夫·熊彼特是创新理论的奠基人。他最早在 1911 年出版的德文版《经济发展理论》一书中，就论述了关于经济增长并非均衡变化的思想。此书在 1934 年被译成英文时，使用了"创新"（innovation）一词。1928 年，熊彼特在英文版论文《资本主义的非稳定性》（Instability of Capitalism）中首次提出了创新是一个过程的概念，并于 1939 年出版的《商业周期》（Business Cycles）一书中比较全面地提出了创新理论。按照熊彼特的观点，所谓"创新"，就是建立一种新的生产函数。也就是说，把一种从来没有过的关于生产要素和生产条件的"新组合"引入生产体系。在熊彼特看来，作为资本主义"灵魂"的"企业家"职能就是实现"创新"，引入"新组合"。所谓"经济发展"，也是针对整个资本主义社会不断地实现这种"新组合"而言的。熊彼特所说的"创新""新组合"或"经济发展"，包括以下 5 种情况：其一，引进新产品；其二，引用新技术，即新的生产方法；其三，开辟新市场；其四，控制原材料的新供应来源；其五，实现企业的新组织。自 20 世纪 60 年代起，管理学家们开始将创新引入管理领域。现代管理大师彼得·德鲁克在《动荡年代的管理》一书中重新定义了创新理论。他认为，创新的含义是有系统地寻求创新机会，在市场薄弱的地方寻找机会，在新知识萌芽时期寻找机会，在市场的需求和短缺中寻找机会。创新是赋予资源创造财富能力的行为。任何使现有

---

① （美）梅里亚姆-韦伯斯特. 韦氏词典［M］. 北京：北京世图出版社，2000.

资源的财富创造潜力发生改变的行为，都可以称为创新。他还在《创新与创业精神》一书中提到，创新是企业家的特定工具，他们利用创新改变事实，作为开创其他不同企业或服务项目的机遇。

二、创新的类型

创新并非少数天才的专利，创新是创业的源泉、本质和灵魂。创新能力是进行创业最重要的资本。创新的类型主要包括：

（一）盈利模式创新

盈利模式创新是指公司寻找全新的方式将产品和其他有价值的资源转变为现金。这种创新常常会挑战一个行业关于生产什么产品、确定什么样的价格、如何实现收入等问题的传统观念。溢价和竞拍是盈利模式创新的典型例子。

（二）网络创新

在当今互联网的世界中，几乎没有一家公司能够独自完成所有事情。网络创新提供了机会，使得公司能够充分利用其他公司的流程、技术、产品、渠道和品牌等资源。"悬赏"和"众包"等开放式创新方式，就是网络创新的典型例子。这些方式可以帮助公司与外部创新者、专家和社区合作，共同解决问题、推动创新。通过开放式创新，公司能够获取更广泛的创意和专业知识，提高创新的速度和质量，从而更好地适应不断变化的市场和客户需求。

（三）结构创新

结构创新是通过采用独特的方式组织公司的资产（包括硬件、人力或无形资产）来创造价值。它可能涉及从人才管理系统到重新进行固定设备配置等方方面面。结构创新的例子包括建立激励机制，鼓励员工朝某个特定目标努力，实现资产标准化以降低运营成本和复杂性，甚至创建企业大学以提供持续的高端培训。

（四）流程创新

流程创新涉及公司主要产品或服务的各项生产活动和运营。这类创新需要彻底改变以往的业务经营方式，使公司具备独特的能力，高效运转，迅速适应新环境，并获得领先市场的利润率。流程创新常常是一个企业核心竞争力的重要组成部分。

（五）产品性能创新

产品性能创新是指公司在产品或服务的价值、特性和质量方面进行的创新。这类创新既涉及全新的产品，也包括能带来巨大增值的产品升级和产品线延伸。产品性能创新常常是竞争对手最容易效仿的一类。

（六）产品系统创新

产品系统创新是将单个产品和服务联系或捆绑起来创造出一个可扩展的强大系统。产品系统创新可以帮助公司建立一个能够吸引和取悦顾客的生态环境，抵御竞争者的侵袭。

（七）服务创新

服务创新保证并提高了产品的功用、性能和价值。它能使一个产品更容易被体验；它为顾客展现了可能会忽视的产品特性和功用；它能够解决顾客遇到的问题并弥补产品体验中的不愉快。

（八）渠道创新

渠道创新是指将产品与顾客和用户联系在一起的手段。虽然电子商务在近年来成为主导力量，但实体店等传统渠道还是很重要，特别是在创造身临其境的体验方面。这方面的创新老手常常能发掘出多种互补方式，将他们的产品和服务呈现给顾客。

（九）品牌创新

品牌创新有助于顾客和用户识别、记住公司的产品，并在面对竞争对手的产品或替代品时选择公司的产品。好的品牌创新能够提炼一种"承诺"的力量，吸引买主并传递一种与众不同的身份感。

（十）顾客契合创新

顾客契合创新是要了解顾客和用户的深层愿望，并利用这些信息来发展顾客与公司之间意义的联系。顾客契合创新开辟了广阔的探索空间，可以帮助人们找到合适的方式把自己生活的一部分变得更加难忘、富有成效并充满喜悦。

只选择一、两种创新类型的简单创新不足以获得持久的成功，尤其是单纯的产品性能创新，很容易被模仿、被超越。创新主体需要综合应用上述多种创新类型，才能打造可持续的竞争优势。

第二节　大学生创业的定义与类型

一、创业的定义

创业的原意是"创立基业"或者"建功立业"。《辞海》对创业的解释就是"开创基业"。"创业"一词最早出现于《孟子·梁惠王下》，"君子创业垂统，为可继也"，将创建功业与一脉相承、流传后世联系起来。创业一词由"创"和"业"组成。"创"一般指创建、创新、创立、创造和创意。而"业"一般是指学业、业务、工作、专业、就业、转业、事业、财产和家业等[①]。由此可以看出，创业有丰富的内涵，不单单是创办企业。对于创业，不同的学者站在不同的角度有着不同的解释。有人认为，创业是创业者对自己拥有的资源或通过努力能够拥有的资源进行优化整合，从而创造出更多经济或社会价值的过程。还有人认为，创业是一种劳动方式，是一种需要创业者组织、运用服务、技术、器物，进行思考、推理和判断的行为。全球创业研究和创业教育的开拓者杰夫里·蒂蒙斯教授认为："创业是一种思考、推理和行为方式，这种行为方式是机会驱动、注重方法和领导相平衡。创业导致价值的产生、增加、实现和更新，不只是为所有者，也为所有参与者和利益相关者。"[②]当代管理大师彼得·德鲁克认为："任何敢于面对决策的人，都可能通过学习成为一个创业者并具有创业精神。创业是一种行为，而不是个人的性格特征。"创业是一种可以组织，并且是需要组

---

① 连银岭. 大学生创新创业教育［M］. 北京：北京理工大学出版社，2018.
② 薛永基. 大学生创新创业教程［M］. 北京：北京理工大学出版社，2017.

织的系统性工作①。

借鉴以上各种定义，并结合现实创业实践内容，在这里，我们将开创新事业、扩大现有的生产规模或改变现有的经营模式都归结为创业。

二、创业类型

随着创业活动的日益普遍，创业活动的类型也呈现出多样化的趋势。了解创业类型，比较不同类型创业活动的特点，有助于我们更好地理解和开展创业活动。创业类型的划分方式很多，所依据的标准也不尽相同。在这里，我们从不同的维度出发，以全面的视角看待创业，对创业的类型进行划分。

（一）机会型创业和生存型创业

机会型创业是指创业的出发点并非为了谋生，而是为了抓住和利用市场机遇。它以市场机会为目标，以创造新的需要或满足潜在需求为目标，因而会带动新产业发展。生存型创业是指为了谋生而自觉或被迫地创业，大多偏于尾随和模仿，因而往往会加剧市场竞争。

（二）创建新企业和既有组织内创业

创建新企业是指创业者从无到有地创建全新企业的过程。这个过程充满机遇和刺激，但风险和难度也大，创业者往往缺乏足够的资源、经验和支持。既有组织内创业是指在现有组织内有目的的创新过程，以企业组织为例，可指公司由于产品、营销以及组织管理体系等方面的原因，在企业内进行重新创建的过程。

（三）独立创业和合伙创业

独立创业是指创业者独自创办自己的企业，其特点在于产权归创业者个人所有，企业由创业者自由掌控，但创业者要独自承担风险，创业资源整合比较困难，并且受个人才能限制。合伙创业是指与他人共同创办企业，其优势和劣势正好与独立创业相反。

---

① 王其中，李姣，王凯. 大学生创新创业教程［M］. 北京：北京理工大学出版社，2017.

（四）传统技能型、高新技术型和知识服务型创业

传统技能型创业是指使用传统技术、工艺的创业项目，如酿酒、饮料、中药、工艺美术品等。这些独特的传统技能项目在市场上表现出经久不衰的竞争力。高新技术型创业是指知识密集度高，带有前沿性和研究开发性质的新技术、新产品创业项目。

例如，将航天等高新技术领域的成果实现产业化、形成新产品，微波炉进入千家万户就是最好的例子。知识服务型创业是指为人们提供知识、信息等的内容创业项目。当今社会，会计师事务所、工程咨询公司等各类知识性咨询服务机构不断细化和增加，这类项目投资少、见效快，竞争也日渐激烈。

（五）依附型、尾随型、独创型和对抗型创业

依附型创业可分为两种情况：一是依附于大企业或产业链而生存，在产业链中明确自己的角色，为大企业提供配套服务。二是特许经营权的使用。例如，利用知名品牌效应和成熟的经营管理模式，通过连锁、加盟等方式进行创业。尾随型创业即模仿他人创业，行业内已经有同类企业或类似经营项目，新创企业尾随他人之后，学着别人做。独创型企业是指提供的产品和服务能够填补市场空白。大到独创商品，小到商品的某种技术，如环保洗衣粉等。对抗型创业是指进入其他企业已经形成垄断地位的某个市场，与之对抗较量。

（六）复制型创业、模仿型创业、安定型创业和冒险型创业

依创业方式可分为四种情况：复制型创业是在现有经营模式的基础上进行简单复制的过程。例如，某人原本在一家化工品制造企业担任生产部经理，后来离职创立一家与原化工品制造企业相似的新企业，且生产的产品和销售渠道与离职前的那家企业相似。模仿型创业是一种在借鉴现有成功企业经验基础上进行的重复性创业。这种创业虽然很少给顾客带来新创造的价值，创新的成分也很低，但对创业者自身命运的改变较大。例如，某软件工程师辞职后，模仿别人开一家餐饮店。这种形式的创业具有较高的不确定性，学习过程长，犯错误的机会多，试错成本也较高。不过，创业者如果具有较高的素质，那么只要他得到专门的系统培训，注意把握市场进入契机，创业成功的可能性也比较大。

安定型创业是一种在比较熟悉的领域所进行的不确定因素较小的创业。例如，企业内的研发团队在开发完成一项新产品之后，继续在该企业内开发另一款新的产品。这种创业形式强调的是个人创业精神最大限度地实现，而不是对原有组织结构进行设计和调整。冒险型创业是一种在不熟悉领域进行的不确定性较大的创业。这种创业除了对创业者具有较大的挑战，并给其带来很大的改变外，其个人前途的不确定性也很高。通常情况下，那些以创新方式为人们提供具有自主知识产权的新产品、新服务的创业活动，便属于这种类型的创业。

（七）个体创业和公司创业

根据创业活动主体的不同，创业还可划分为个体创业和公司创业。个体创业主要指不依附于某一特定组织而开展的创业活动。公司创业主要指在已有组织内部发起的创业活动，这种创业活动可以由组织自上而下发动，也可以由员工自下而上推动，但无论推动者是谁，公司内的员工都有机会通过主观努力参与其中，并在这种创业中获得报酬和得到锻炼。从创业本质来看，个体创业与公司创业有许多共同点，但是由于创业主体在资源、禀赋、组织形态和战略目标等方面各不相同，因而两者在创业的风险承担、成果收获、创业环境、创业成长等方面存在较大差异。两者的主要差异，如表 1-2-1 所示。

表 1-2-1　个体创业和公司创业的主要差异

个体创业	公司创业
创业者承担风险	公司承担风险，而不是与个体相关的生涯风险
创业者拥有商业概念	公司拥有商业概念，特别是与商业概念有关的知识产权
创业者拥有全部或者大部分事业	创业者或许拥有公司的权益，但可能只是一小部分
从理论上说，创业者的潜在回报是无限的	在公司内，创业者所能获得的潜在回报是有限的
个体的一次失误可能意味着整个创业失败	公司拥有更多的容错空间，能够吸纳失败
受外部环境波动的影响较大	受外部环境波动的影响较小
创业者具有相对独立性	公司内部的创业者更多受团队的牵制
在过程、试验和方向的改变上具有灵活性	公司内部的规划、程序和官僚体系会阻碍创业者的策略调整
决策迅速	决策周期长
低保障	高保障
缺乏安全网	有一系列安全网

个体创业	公司创业
在创业主意上，可以沟通的人较少	在创业主意上，可以沟通的人较多
至少在创业初期，存在有限的规模经济和范围经济	能够很快实现规模经济和范围经济
严重的资源局限性	在各种资源的占有上都有优势

第三节　大学生创业的过程与要素

一、创业的过程

一般而言，创建新企业是一个充满挑战，甚至非常痛苦的过程。在未知的、不确定的情况下投入自己的积累，对创业者来说，其面临的压力可想而知。创业过程涉及许多活动和行为，但最重要的环节在于企业与它最佳的市场机会相适应。换言之，创业过程主要是企业为实现其任务和目标而发现、分析、选择和利用市场机会的管理过程。按照时间顺序，创业过程可以分为分析市场机会、选择目标市场、设计市场营销组合和管理创业活动 4 个阶段，如图 1-3-1 所示。

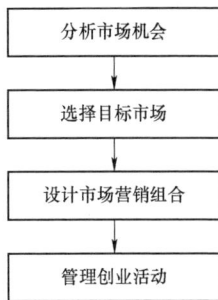

图 1-3-1　创业的过程

（一）分析市场机会

分析市场机会是创业过程的核心，也是创业管理的关键环节。通俗地说，市场机会是指未满足的需要。哪里有未满足的需要，哪里就有市场机会。分析市场机会包括寻找发现市场机会和评估市场营销机会两方面的活动，寻找发现市场机会是企业分析市场机会的必要前提。寻找发现市场机会包括以下 3 种方式：第一，分析企业的营销环境，找出有利和不利的因素。企业要学会从宏观和微观的营销环境中及时识别市场机会，发觉其中的有利和不利因素。第二，广泛收集市场信息。建立完善的市场营销信息系统、开展经常性的研究工作是企业收集信息的重要途径。通过市场调研来寻找发现未满足的需要。第三，制造机会。制造营销机会在于能对营销环境变化作出敏捷的反应，善于在许多寻常事物中迸发灵感，巧于利用技术优势开发出新产品。

评估市场营销机会是企业分析市场机会的重要基础。市场营销机会是指对企业营销具有吸引力的、企业在此能享有竞争优势和差别利益的环境机会。市场机会能否成为企业的营销机会要具备三个条件：第一，它是否与企业的任务和目标一致；第二，它是否符合企业的资源条件；第三，企业利用该机会是否能享有更大的差别利益。

（二）选择目标市场

选择目标市场是企业创业过程中面临的一个重要问题。任何企业都没有足够的人力资源和资金满足整个市场或追求过大的目标，只有扬长避短，找到有利于发挥本企业现有的人、财、物优势的目标市场，才不至于在庞大的市场上瞎撞乱碰。

选择目标市场主要包括以下四个步骤：第一，预测市场需求量。市场需求预测是在市场调研的基础上，运用科学的理论和方法，对未来一定时期的市场需求量及影响需求诸多因素进行分析研究，寻找市场需求发展变化的规律。一般采用定性预测和定量预测两种方法。第二，市场细分化。通过市场调研，依据消费者的需求、欲望、购买行为和购买习惯等方面的差异，把某一产品的市场整体划分为若干消费者群的市场分类过程。每一个消费者群就是一个细分市场，每一个细分市场都是具有类似需求倾向的消费者构成的群体。第三，市场目标化。在评估完各个细分市场后，选择合适的细分市场作为目标市场。第四，市场定位。根据市场的竞争情况和企业条件，确定企业产品在目标市场上的竞争地位。具体地说，就是在目标顾客的心目中为产品创造一定的特色，赋予一定的形象，以满足顾客一定的需求和偏好。

（三）设计市场营销组合

营销组合是企业的综合营销方案，即企业根据目标市场的需求和自己的市场定位，对自己可控制的各种营销因素（产品、价格、渠道、促销等）进行优化组合和综合运用。设计市场营销组合主要以 4P 营销理论为依据。

4P 营销理论被归结为 4 个基本策略的组合：产品（product）策略，主要是指企业以向目标市场提供各种满足消费者需求的有形和无形产品来吸引消费者的方式；价格（price）策略，是企业按照市场规律制定价格和变动价格等方式来更好地影响企业的销售量从而获得最大利润的策略；渠道（place）策略，主要是指企业以合理选择分销渠道和组织商品实体流通的方式来实现其营销目标；促销（promotion）策略，主要是指企业利用各种信息传播手段刺激消费者的购买欲望，促进产品销售的方式来实现其利润增长的手段。

（四）管理创业活动

管理创业活动包括计划、组织、执行和控制营销工作等一系列过程。计划是指制定支持创业的计划。组织是指协调所有创业人员的工作、同其他部门密切配合、组织创业资源的使用。执行和控制是指执行营销计划、利用控制系统控制意外发生以实现创业的目标。

二、创业的要素

创业既是一项非常艰苦的事业，又是一个复杂的系统。创业需要多种条件、资源和要素。通常来说，创业的关键包括 3 个要素，即创业机会、创业团队和创业资源。

（一）创业要素的内容

1. 创业机会

创业机会往往是一个新的市场需求，或者是一个需求大于供给的市场需求，或者是一个可以开辟新产品的市场需求，这样的市场需求并非只有创业者认识到了，其他的竞争者也许会很快加入竞争的行列。

2. 创业团队

创业团队并不是一群人的简单组合，而是一个特殊的群体。它要求团队成员能力互补，拥有共同的愿景和价值观，通过相互信任、自觉合作、积极努力而凝聚在一起，并且团队成员愿意为共同的目标奉献自己，发挥自己最大的潜能。

3. 创业资源

创业资源是指初创企业在创造价值的过程中需要的特定资产，其中包括有形与无形的资产，它是新创企业创立和运营的必要条件，主要形式表现为人才、资本、机会、技术和管理等。

（二）要素之间的关系

有着"创业教育之父"美誉的杰弗里·蒂蒙斯在长期研究的基础上，提出了创业要素模型——蒂蒙斯模型，如图 1-3-2 所示。

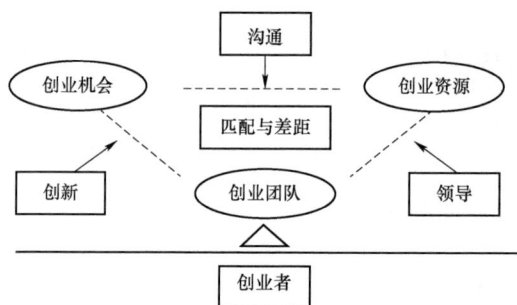

图 1-3-2　创业要素模型

蒂蒙斯模型在创业领域有着深远的影响。首先，该模型简洁明了的提炼出创业的关键要素：创业机会、创业者及其创业团队、创业资源，这 3 个要素是任何创业活动都不可或缺的。没有创业机会，创业活动就成了盲目的行动，根本谈不上创造价值；创业机会普遍存在，没有创业者识别和开发创业机会，创业活动也不可能发生；合适的创业者把握住合适的创业机会，还需要有创业资源，没有创业资源，创业机会就无法被开发和利用。

其次，该模型突出了要素之间匹配的思想，这对创业来说十分重要。蒂蒙斯认为，在创业活动中，不论是创业机会，还是创业团队，抑或是创业资源，都没有好和差之分，重要的是匹配和平衡。这里说的匹配，既包括创业机会与创业者之间的匹配，也包括创业机会与创业资源之间的匹配。创业机会、创业者、创业资源之间的平衡和协调，是创业成功的基本保证。蒂蒙斯说的这些道理虽然很简单，但对创业活动而言，却非常重要，而且要真正做到也不是一件容易的事情。

最后，该模型具有动态特征。创业的三要素很重要，但不是静止不变的。

随着创业过程的开展，其重点也会相应地发生变化。创业过程实际上是创业的3个因素相互作用，由不平衡向平衡方向发展的过程。成功的创业活动，不仅要将创业机会、创业者及其创业团队、资源作出最适当的搭配，而且要使其在事业发展过程中始终处于动态的平衡状态。

第四节　大学生创业精神与人生发展

创业精神是以创新、变革为核心的个性品质，也是推动社会经济变革、促进社会经济发展的重要力量。它既体现在创业者个体在创业实践活动中所表现出来的独特的市场判断能力、与众不同的行为方式，以及敢于冒险、敢于担当、百折不挠的意志品质等方面，也体现在一个国家或一个企业的技术创新、经营模式创新、管理制度创新、产业创新等方面。它既对个体的人生追求和事业发展具有重要影响，也对企业的发展、民族的兴旺和国家繁荣具有重要影响。

一、创业精神

（一）创业精神的概念

创业精神这个概念出现于18世纪，多年来，其含义在不断变化着。综合已有的创业精神定义，我们这样界定创业精神：创业精神是创业者在创业过程中重要行为特征的高度凝结，这种精神主要表现为敢于创新、勇担风险、团结协作、坚持不懈等行为。

创业精神的基本内涵可以从哲学层面、心理学层面、行为学层面3个方面加以理解。

从哲学层面看，创业精神是人们对创业行为在思想观念上的理性认识；从心理学层面看，创业精神是人们在创业过程中体现的创业意志和创业个性的心理基础；从行为学层面看，创业精神是人们在创业时所表现出的创业品质和创业素质的行为模式。

创业精神是创业者各种素质的综合体现，它集冒险精神、风险意识、效益观念和科学精神于一体，体现了创业者具有开创性的观念、思想和个性，以及积极进取、不惧失败和敢于承担等优秀品质。创业精神不但是一种抽象的品质，而且是推动创业者创业实践的重要力量。具体表现在以下三个方面：第一，创业精神能让创业者发现别人注意不到的趋势和变化，看到别人看不到的市场前景；第二，创业精神能让创业者在新事物、新环境、新技术、新需求、新动向面前具有较强的吸纳力和转化力；第三，创业精神能让创业者不断地寻找机遇，不断地追求创新，不断地推出新的产品和新的经营方式。

（二）创业精神的来源

创业精神的形成与发展受相应文化环境、产业环境、生存环境等影响。

1. 文化环境

创业本身是一种学习。创业者离不开现实文化环境。作为学习者，其所生活区域的文化就是学习的重要内容之一。因此，在一个商业文化氛围浓厚的地方，潜在的创业行动者容易培养创业精神。以温州为例，温州发达的商业文化传统，孕育了当今温州商人的创业精神。

2. 产业环境

不同的产业环境会对创业精神产生影响。对于垄断行业而言，企业缺少竞争，就容易抑制创业精神的产生。而在一个完全竞争的市场结构中，由于企业间优胜劣汰，竞争激烈，更有可能形成创业精神。

3. 生存环境

常言道：穷则思变。从生存环境来看，资源贫瘠、条件恶劣的区域往往能激发人的斗志。从创业视角分析，在资源贫瘠的地方，人们为了改善生存状况而寻求发展机会，整合外界资源，进而催生创业念头、激发创业精神。

（三）创业精神的特征

经济学家熊彼特专门研究了创业者创新和追求进步的积极性所导致的动荡和变化，将创业精神看作一种具有创造性和破坏性的力量。因为，创业者创造的"新组合"使旧产业遭到淘汰，原有的经营方式被全新的、更好的方式破坏。而管理学家德鲁克则将这一理念更推进了一步，他将创业者称作是主动寻求变化、对变化作出反应并将变化视为机会的人。

综观各个学派、各方人士对创业精神的理解，通过对古今中外创业者的创业活动和人格特征的深入分析，我们将创业精神的特征概括为以下几个方面。

1. 综合性

创业精神，是由很多精神特质综合作用而产生的。比如，创新精神、拼搏精神、专一精神、进取精神和合作精神等，都是创业精神的重要特质。

2. 整体性

创业精神，是由哲学层面的创业观念，心理学层面的创业意志和行为学层面的创业品质构成的整体，缺少其中任何一个层面，都无法构成创业精神。

3. 先进性

创业精神，体现在立志开创前无古人的事业，所以它必然具有超越历史的先进性，想前人之未曾想、做前人之未曾做。

4. 时代性

不同时代的人，面对着不同的物质生活条件和精神生活条件，创业精神的物质基础和精神营养自然有所不同，创业精神的内容也就各不相同。

5. 地域性

创业精神还明显地带有地域特色，例如，作为改革开放前沿的广东，其创业精神明显带有"敢为天下先""务实求真""开放兼容"和"独立自主"等特性。

（四）创业精神的作用

创业精神能激起人们进行创业实践的欲望，是一种心理上的内在动力机制。创业精神在很大程度上决定着一个人是否敢于投身创业实践，它支配着人们对创业实践活动的行为和态度，并影响行为和态度的方向及强度。

创业精神能够渗透到 3 个广阔的领域产生作用：个人成就的取得（个人如何成功地创建自己的企业）、大企业的成长（大公司如何使其整个组织都重新焕发创业精神，以具有更强的竞争力和创造高成长）和国家的经济发展（帮助人民变得富强）。创业精神的力量能够帮助个人、企业，乃至整个国家或地区在面对竞争时走向成功和繁荣。

当前，世界产业结构正经历着彻底转变，创业精神一定会在我国发挥更大的作用，它有利于加快转变经济发展方式，促使经济社会健康发展。

（五）创业精神的培育

1. 培育创业人格

个性特征对个体创业来说是极其重要的，尤其是"独立性""敢为性""坚持性"等特征。所以，人格的教育对创业能力与创业精神的培养来说是十分重要的。高校要根据大学生的心理特点，有针对性地教授心理健康方面的知识，引导大学生树立心理健康意识、强化心理素质、提高心理调节能力和对于社会的适应能力，自觉培养坚韧不拔的意志品质和艰苦奋斗的内在精神，提高承受挫折和解决问题的能力。此外，还可以采用创业案例剖析创业者的人格特征、进行心理训练等方式，让学生了解形成良好心理素质与优秀人格特征的途径。

2. 培养创新能力

创新能力是创业精神的核心，高校必须突出对学生创新能力的培养。一定要尊重学生的个性发展、爱护和培养学生的好奇心，为全面挖掘学生潜能营造出一种宽松的氛围。鼓励学生勇于突破，有针对性地突破前人、突破书本、突破老师。通过开设创新创造类课程、举办主题知识技能竞赛，让学生感受、理解创新的产生和发展过程，培养学生的创新思维和科学精神。

3. 强化创业实践

鼓励学生在课余时间参加一些创业模拟和社会实践活动，增强学生对企业的了解以及对社会的适应能力。比如，在校内外开展创业竞赛活动、与外部企业联合开展学生的实习、见习等。"纸上得来终觉浅，绝知此事要躬行。"让学生在实践中磨炼自己，形成正确的创业认知，孕育创业精神和增强解决问题的能力。

二、创业精神对个人生涯发展的影响

创业精神并不是与生俱来的，而在于后天的学习、思考和实践。创业精神一旦形成，就会对人的一生产生重要的影响。这种影响不仅体现在创业者创业准备和创业活动的过程中，还体现在日常的工作、学习和生活中。从某种意义上说，创业精神不但决定个人生涯发展的态度，而且影响个人生涯发展的高度和速度。

（一）创业精神决定个人生涯发展的态度

作为一个社会人，其生涯发展必然要受到各种社会因素的影响。但是，不同的人由于其生涯发展的态度不同，所以在面临各种各样的发展机遇时，其选择也不相同。而创业精神作为一种思想观念、个性心理特征和行为模式的综合体，必然会对其生涯发展态度具有重要影响。例如，创业精神中思想观念的开放性、开创性，容易让人接受新思想、新事物，形成开放的态度，敢于开风气之先，从而想他人未曾想，做他人不敢做，成为事业上的领跑者。再如，创业精神中的创新精神、拼搏精神、进取精神、合作精神等，能使人树立积极的生活态度，在顺境中居安思危、不懈奋进，在逆境中不消沉萎靡，排除万难、励精图治，重新找到生涯发展的方向。有道是"态度决定一切"，在相同的个人天赋和社会环境下，有创业精神的人有着比其他人更加积极的人生态度，所以更有可能发现机会、把握机会，就更有可能看到别人不能看到的风景。

（二）创业精神决定个人生涯发展的高度

创业精神是一个人核心素质的集中体现，它不仅决定了一个人在机遇面前的选择，而且决定了一个人的生涯目标和事业追求。具有创业精神的人，无论是创办自己的企业，还是在各种各样的企事业单位就业，都会志存高远、目光远大、心胸宽广。这样的人不但在事业上会取得更大的成绩，在个人品德和修养上，也会达到更高的境界。

随着国家经济、政治、文化、社会和生态"五位一体"的深入改革，社会结构将发生重大调整，各行各业将在变革中重新达到利益均衡，这既为个人的发展提供了更多的机会，也给其带来了更大的挑战。在这种背景下，大学生如果能够有意识地培养自己的创业精神，让个人理想与社会发展的趋势和节奏相吻合，就有可能使自己的事业发展达到无法想象的高度。但是，大学生如果在个人生涯发展上仍然沿袭保守的思维模式，不去主动规划自己的生涯发展，一切等着家长、学校和政府安排，一心想找个安稳、清闲的"铁饭碗"，就很有可能一辈子也找不到理想的工作，甚至毕业就"失业"。

（三）创业精神决定个人生涯发展的速度

创业精神是一种主动精神和创造精神，这种精神能让人积极主动、优质、高效地做好自己承担的每一份工作，从而在平凡的岗位上作出不平凡的成就。实践证明，具有创业精神的人，不管在什么岗位，不管从事什么职业，其强烈的成就动机，其追求增长、追求效率的欲望，都将转化为内心强劲的追求事业成功的动力。在这种动力驱使下，人们会将眼前的工作作为未来事业发展的起点，把握好生命中的每一个机会，做好自己从事的每一项工作。创业精神也是一种求真务实的精神。这种精神的本质，就是实事求是、讲求实效，就是实干苦干、反对浮夸、反对空谈。在人类社会的发展史上，许多企业家正是凭借这种精神，创造了从白手起家到富可敌国的财富神话；许多科学家、思想家、政治家、教育家和劳动模范，也正是凭借这种精神，从一个普通学子成长为举世瞩目的业界精英。当前，我国正处于改革开放的攻坚时期，改革是一条从未有人涉足过的路，所以既不能在书本中找到答案，也无法从前人的经验中寻找固定的模式，更不能靠空想和辩论来解决出路问题。在这种背景下，富有创业精神的人，敢于靠自己的实践探索，"摸着石头过河"，会接受更多的挑战，完成更多的任务，取得更大的业绩，因而会取得更快的发展。

第五节　大学生创业的时代环境

这是一个风起云涌的时代。10 年、20 年之后，当我们回首这段历史，会为自己的胆怯而感到遗憾。这是一个风云变幻的时代，改革是我们成长过程的主要基调。传统的社会关系、思想观念、道德伦理、价值体系开始淡化，而取代传统的是一个多元化的世界。所有的一切，无时无刻不在变化；所有的一切，都有可能被打破；而这一切，需要每一个人重新定义。

一、互联网与创业

（一）世界经济步入大数据时代

2012 年开始，大数据以及大数据时代等概念进入人们的生活，成为备受关注的经济话题。

所谓大数据时代，是指随着互联网的发展和云计算的产生，数据渗透到当今世界的每一个行业和业务职能领域，已经成为重要的生产要素。哈佛大学教授加里·金曾经说过，庞大的数据资源使不同的领域开始了量化进程，无论是学术界、商界还是政府机关，几乎所有领域都开始了这一进程[①]。人们对海量数据的挖掘和应用，预示着新一波生产率增长和消费者盈余浪潮的到来。大数据时代带给创业哪些影响呢？

首先，数据挖掘和应用本身就成为创业的重要领域。如阿里巴巴集团经营的淘宝、天猫等网络交易平台，支持众多中小企业完成网上交易的过程中，也积累了大量消费者信息数据，对这些数据的挖掘成为重要的新型商业领域。为此，阿里巴巴集团于2012年7月宣布设立首席数据官，专职负责推进数据平台分享战略。其次，重视商业数据的积累成为创业企业获得核心竞争优势的重要内容。由于数据成为重要的生产要素，现代经济的很多规律均体现在庞大的商业数据之中，如果不掌握这些数据，最终将难以获得核心技术知识，进而失去核心竞争力。如汽车行业，关于汽车设计的相关数据等聚集在一定数字化平台上，如果一个汽车企业只进行汽车生产制造，而不做产品研发设计，就不可能聚集数字化平台数据，最终将锁定在制造领域。因而，未来国际创业环境中具有决定性作用的不是生产什么产品，提供什么样的服务，而是有关生产与服务的数据集聚在哪里。因而，飞机、汽车等装备制造领域的开发试验工具系统、制药领域的化合物筛选装备及模型、网络交易系统等数据集聚载体，将成为当代创业国际环境中重要的创业平台。

（二）互联网成为创业国际环境中最重要的物理支撑

在网络应用于社会近20年的时间里，对人类社会的生产及生活方式造成重大影响。然而，这种影响还远远没有结束，特别是随着移动互联网的快速发展，网络化仍然在以飞快的速度向更多经济领域拓展，成为影响创业的重要因素。首先，网络在实体经济领域的拓展性应用，成为当今创业的重要领域。除了我

① 薛永基. 大学生创新创业教程［M］. 北京：北京理工大学出版社，2017.

们已经熟知的网络销售、网络书店等业务外，一些传统服务领域辅之以网络也实现了升级和发展，如上海寺冈有限公司借助互联网平台，从一个平台制造企业成功转型为一个云计算服务型企业。其次，网络技术本身的不断发展和升级，开辟了许多新的创业空间，如基于移动互联网的飞信、基于网络的小米宝盒，等等。可以预期，互联网特别是移动互联网将成为当代创业国际环境中重要的物理支撑；哪里网络发达，哪里就将成为创业肥沃的土壤，哪里就将孕育更多的企业。

二、知识经济与创业

如今的经济是世界经济一体化条件下的经济，是以知识决策为导向的经济，它促使我们对身边发生的一切事物重新审视与认识。知识经济形态是科学技术与经济运行日益密切结合的必然结果，是经济形态更人性化的表现。

（一）知识经济的概念

知识经济就是以知识运营为经济增长方式、知识产业为龙头产业、知识经济成为新经济形态的人类社会经济增长方式与经济发展模式。

知识经济，也被称作智能经济，指的是建立在知识和信息的生产、分配和使用基础上的经济。它是和农业经济、工业经济相对应的一个概念。

这里以知识为基础，是相对于现行的"以物质为基础的经济"而言的。现行的工业经济和农业经济，虽然也需要用到知识，但是这些经济的增长主要取决于能源、原材料和劳动力，是以物质为基础的经济。

知识经济是以人类的知识，特别是科学技术知识累积到一定程度，以及知识在经济发展中发挥的作用增加到一定比重的历史产物。同时也是信息革命导致知识共享、能够高效地产生新知识的时代产物。

（二）知识经济的特点

知识经济理论形成于 20 世纪 80 年代初。美国加州大学的教授保罗·罗默于 1983 年提出了"新经济增长理论"，他认为知识是一个重要的生产要素，可以提高投资的收益。该理论的提出标志着知识经济形成了初步的理论基础①。知识经济作为 8 种新的经济形态，是对经历了 200 余年发展的工业经济的超越与创新，具有一系列崭新的特点。

第一，知识经济是以新科技革命为依托的信息化经济。以往工业经济的发展和繁荣直接取决于资本、资源、硬件技术的数量、规模和增量，片面追求产品技术的极致和单一商品生产规模的最大化。而知识经济直接依赖于知识或有效信息的积累和利用，将知识作为追求发展的内在驱动力，强调产品的数字化、网络化和智能化。

第二，知识经济是以高科技人才为核心的人才经济。现代国际竞争是综合国力的竞争，其关键是科学技术特别是高科技领域的竞争，而其中起决定作用的核心因素是人才的竞争。近年来，国内外一些高科技企业，无论是美国著名的微软公司，还是中国驰名的阿里巴巴、腾讯、百度，他们之所以能够异军突起，高科技优秀人才起了至关重要的作用。

第三，知识经济是一种创新经济。这种创新绝非传统工业技术的简单创新，而是建立在最高科技成果基础上的、在一系列新兴领域的开拓与创造上。这些领域具体包括信息科学技术、新材料科学技术、空间科学技术、海洋科学技术、有益于环境的高新技术和管理软科学技术等高新技术产业。

第四，知识经济是真正意义上的全球一体化经济。全球信息网络的开通及进一步发展，不仅使全球信息资源共享成为可能，而且随着信息技术的发展，必将为整个人类社会充分利用和共享信息资源提供更为快捷的手段和更为广阔的空间。

（三）知识经济时代创业活动的功能

知识经济时代的创业具有增加就业、促进创新、创造价值等功能，同时也是解决社会问题的有效途径之一。

1. 创业是科技创新的扩容器

知识经济只是在一定程度上改变了就业的方向和结构，而不可能自动解决就业问题。事实上，新创企业可以通过提供岗位、服务社会来带动就业。创业

---

① 连银岭. 大学生创新创业教育［M］. 北京：北京理工大学出版社，2018.

型中小企业是发挥了重要作用，创造了大部分就业机会，尤其是在大企业进行裁员时，中小企业在稳定就业方面起着越来越重要的作用。大学生创业一方面解决了自身的就业问题，另一方面也解决了社会人员的就业问题。全社会广泛的创业活动，有利于解决社会就业问题，促进和谐社会的建立。

2. 创业是科技创新的加速器

知识经济时代的创业更可以实现先进技术的转化，推动新产品或新服务的不断出现，创造出新的市场需求，进一步推动和深化科技创新，从而提高企业或是整个国家的创新能力，推动经济的增长。创业是新理论、新技术、新知识、新制度形成现实生产力的转化器，新建立的企业要想在激烈的市场竞争中站住脚，就要使用先进的生产技术，采用科学的技术手段，因此，创业可以加速科技的创新。美国国家科学基金会和美国商业部等机构在 20 世纪 80 年代和 90 年代发表的报告表明，第二次世界大战以后，美国创业型企业的创新占美国全部创新的一半以上和重大创新的 95%。

3. 创业是经济发展的原动力

在知识经济时代，不论是在发达国家，如美国、英国，还是在发展中国家，如中国，创业都是一个国家经济发展中最具活力的部分，是国家经济发展的原动力。全球创业观察（GEM）在 2007 年对 42 个国家的创业状况进行了研究，发现在主要的 7 大工业国中，创业活动的水平与该国的年经济增长是高度正相关的。因此，从全球视角来看，创业对一个国家经济发展起着至关重要的作用。在过去的 30 年里，美国出现了"创业革命"，高新技术与创业精神的结合成为美国保持世界经济领先地位的"秘密武器"。

我国改革开放以来，国家实行市场经济，积极支持个人投资兴办企业，新创办的中小企业成为我国新的经济增长点，使我国经济持续高速增长，以及促进我国的城市化进程和现代化建设，都起到了重要的作用。

4. 创业是社会进步的推动器

创业活动促进了社会经济体制的改革和深化，繁荣了市场，丰富了人们的生活，提高了人们的生活质量，促进了社会稳定和谐，是实现共同富裕的有效途径。创业还可以激发整个社会的创新意识和创新精神，有利于社会文化、观念的转变。此外，创业使无数人进入了社会和经济的主流，对社会形成创新、宽容、民主、公正、诚信等观念和文化具有积极推动作用。

（四）知识经济时代创业的关键要素

在知识经济时代，知识已经取代传统的有形资产成为支撑竞争优势最为关键的资源，"科技创新"因此成为这一时代创业活动的大趋势。在动荡复杂的竞争环境中，知识要比其他资产具有更快的更新和淘汰速度，因此，优秀的创业者还需要及时而有效地将"创新成果"转化为"商业价值"，如此才能在多变的环境中保持持续的优势地位。知识经济时代创业有如下关键要素：

1. 持续创新，拥有自主技术

在全球化环境下，信息、技术和人才成为新创企业的关键因素，也是企业间竞争的焦点，特别是通过对技术和知识产权的占有，使其在市场上获得竞争地位并控制市场。相关数据显示，目前全世界有 86% 的研发收入和 90% 以上的发明专利都掌握在发达国家的手里，凭借着科技优势，以及建立在科技优势基础上的国际规则，发达国家与其跨国公司在世界上形成高度垄断，从而获得大量的超额利润。2008 年金融危机后，世界范围内的经济转型和资源重组为知识经济背景下发展中国家的企业实现跨越式反超提供了机遇，创业者唯有勇于承担风险和持续创新，才能获得核心竞争力和后续发展的动力。

2. 技术引领市场，挖掘潜在需求

在知识经济条件下，创业者需要学会利用独创的知识来开发新产品、挖掘"潜在需求"，而不是仅仅为了生存而瓜分和扩大现有市场。潜在需求中的"需求"是企业通过"技术引领"所创造的。例如，苹果公司在推出 iPad 之前，大多数人不知"触屏电脑"为何物，更别说"需求"。而苹果公司依靠其先进的技术、一流的设计，跟踪用户需求，推出了更便于携带的全触屏电脑 iPad，并迅速引发需求狂潮。挖掘潜在需求，要求创业者必须兼具敏锐的洞察能力和强大的创新能力。从个体角度看，挖掘潜在需求的创业者在这一新领域避开对手，很容易成为引领者并获得创业成功；从整体角度看，挖掘潜在需求能够开发更大的市场，创造更多的就业机会，更好地推动社会经济发展。

3. 兼容并蓄，快速改革

知识经济时代的知识具有信息量大和淘汰速度快两大特点。单个创业者很难拥有所需的全部知识。面对全球化进程下越来越激烈的竞争环境，唯有兼容并蓄，以开放的心态进行广泛的知识合作，才能获得创业前进中所需的源源不断的动力。创业者还需要拥有乐观积极的态度，视变化为机遇，把握市场方向和需求，抓住变革的方向和节奏并予以快速响应，才能在不断变化的环境中取得成功。

4. 全球化的胸襟与眼光

我们身处在一个全球化的时代，一旦选择创业，那么无论愿意与否，客观上都不可避免地卷入一场全球化的竞争。因此，拥有全球化的胸襟与眼光显得尤为重要。具体表现在两个方面：一是要有融入全球化的勇气。即使处在创业初期，这份勇气也尤为重要，因为机会面前人人平等，只有拥有全球化的勇气才能抓住全球化的机会。二是要有全球布局的思维。如今，通过网络手段，来自全球的潜在顾客都有可能成为目标客户，而世界各地的货源也有可能成为自己的创业资源。创业者需要运用全球化的思维对不同市场采取不同的战略以整合全球资源。

三、消费群体的个性需求

随着"80后"渐渐成为社会中坚力量，"90后"纷纷进入社会工作，年轻一代即将成为消费的主力军。世界上每个角落的零售商都紧盯着"80后""90后"消费者的口袋，他们不断揣摩研究"80后""90后"的消费习惯：他们可以在同一时间会朋友、上网购物、喝拿铁；因为选择的多样性，他们购物时犹豫不决；他们喜欢个性化，不喜欢和朋友用的商品重合；他们会透支消费，但是他们亦热爱使用优惠券；他们在社交媒体分享购物体验，他们亦在社交媒体获取购物信息，他们多变、个性、充满活力。

可以说，零售市场得"80后""90后"者得天下，一点都不为过。现在的年轻一代减少了去商场购物的时间，在他们的概念中，在一个又大又旧又无聊的商场闲逛是浪费时间的事情。所以，商场要提供个性化的服务，让购物变得有趣、有意义，并且值得回忆，这样，年轻一代的消费者才认为商场值得前往。同时年轻人喜欢质量好的商品，但是他们往往不盲目崇拜品牌和高价。他们要质量好，并且能体现自己品位的商品，要让自己区别于自己的朋友。

年轻一代的个性化需求，成为不少实体零售商守住线下阵地的重要砝码。2014年在北京朝阳的大悦城举办了"哆啦A梦主题展"，除了静态展览外，朝阳大悦城还通过多种营销方式进行联动。哆啦A梦助阵购物中心，吸引了不少哆啦 A 梦迷前往，这也是满足消费者个性化需求的一个典型案例。另外，2013年银泰 15 周年庆的小怪兽也成为引爆周年庆的重要元素，2014 年 5 月、6 月银泰提出没大没小、没羞没臊的"大小孩"模式，引入 Hello Kitty 这个超萌"大小孩"。促销不仅仅只是满返满送，周年庆不仅仅只是折扣。不管是以"蓝胖子"还是超萌小怪兽助阵，抑或是引入 Kitty 猫，对于零售商来说，他们都是走在满足消费者个性化需求的营销道路上。相比老一代消费者，当下的年轻人对待品牌具有更高的道德标准。他们会根据品牌商的社会形象，来决定是否购买这家店的商品。研究发现有些年轻人不会购买社会形象不好的品牌商的东西，这些商品不能被他们所接受，这对品牌商和零售商来说是一个新的挑战和机遇。

"血汗工厂"一词纷纷出现在各大媒体，富士康被指责为"血汗工厂"，格力也陷入"血汗工厂"风波，耐克、ZARA 的代工厂也被指责为"血汗工厂"。这说明越来越多的消费者不仅仅只关注商品本身，他们更注重品牌高的社会责任感。所以，对于品牌商和零售商来说，不仅仅要取悦消费者，更要让消费者看到商家的社会责任意识，树立自身良好的品牌形象。所以，对于珍惜羽翼的品牌来说，越来越看重代言明星的个人口碑；越来越多的零售商现身在灾难一线参加救援；也有不少企业设立人才培养计划、扶助贫困大学生计划，等等。通过这些方式，一方面是在承担自己的社会责任，另一方面也是在树立自己良好的品牌形象。

了解年轻一代消费者，进而满足他们的消费需求，是未来创业领域的重点战略。这是一群让人又爱又恨的群体，他们的钱比任何一代人的都好赚，却也难赚，关键在于是否真的懂得他们。零售商要了解消费者的特性，提供更加多样的服务和特色。在交易方式上不仅要提供钱货交易的方式，也要提供物物交易的方式，以租赁的方式，来满足消费者的需求。美国的 Rent the runway 就是符合新一代消费者的成功案例，其专门提供奢侈品、礼服等租赁服务，满足女性特定时间点的特定需求。在营销方式上，也要想方设法采用个性的、能够受到年轻一代喜爱的方式。

四、大众创业氛围形成

对于大学生自主创业，国家制定了很多优惠政策，具体有六方面。

（一）税收优惠

持人社部门核发的就业创业证的高校毕业生在毕业年度内（指毕业所在自然年，即 1 月 1 日至 12 月 31 日）创办个体工商户、个人独资企业的，3 年内按每户 8 000 元为限额依次扣减其当年实际应缴纳的营业税、城市维护建设税、教育费附加和个人所得税。对高校毕业生创办的小型微利企业，按国家规定享受相关税收支持政策。

（二）创业担保贷款和贴息

对符合条件的大学生自主创业的，可在创业地按规定申请创业担保贷款，贷款额度为 10 万元。鼓励金融机构参照贷款基础利率，结合风险分担情况，合理确定贷款利率水平，对个人发放的创业担保贷款，在贷款基础利率基础上上浮 3 个百分点以内的，由财政给予贴息。

（三）免收有关行政事业性收费

毕业 2 年以内的普通高校学生从事个体经营（除国家限制的行业外）的，自其在工商部门首次注册登记之日起 3 年内，免收管理类、登记类和证照类等有关行政事业性收费。

（四）享受培训补贴

对大学生创办的小微企业新招用毕业年度高校毕业生，签订 1 年以上劳动合同并交纳社会保险费的，给予 1 年社会保险补贴。对大学生在毕业学年（即从毕业前一年 7 月 1 日起的 12 个月）内参加创业培训的，根据其获得创业培训合格证书或就业、创业情况，按规定给予培训补贴。

（五）免费创业服务

有创业意愿的大学生，可免费获得公共就业和人才服务机构提供的创业指导服务，包括政策咨询、信息服务、项目开发、风险评估、开业指导、融资服务、跟踪扶持等"一条龙"创业服务。

（六）政策支持大学生创业"首违免罚"

工商、城管执法等部门在对大学毕业生在创业过程中首次出现的情节轻微、没有对社会和他人造成危害后果的一般性违法行为，只给予警示告诫，帮助大学生创业者纠正，不给予行政处罚。

以上优惠政策是国家针对所有自主创业的大学生所制定的，各地政府为了扶持当地大学生创业，也出台了相关的政策法规，而且更加细化，更贴近实际。

第二章

大学生创新训练

大学生要想进行创新创业，那就需要进行创新训练，因此本章将从大学生创新思维训练、大学生创新创业能力训练以及大学生创新方法这三个方面来进行详细阐述。

第一节　大学生创新思维训练

创新思维是指对事物间的联系进行前所未有的思考，是在解决问题的过程中通过选择、突破和重新建构已有的知识、经验和亲自获取的信息，以新的认知模式把握事物发展的内在本质及规律，并进一步提出具有独特见解的符合人文精神的具有主动性和独特性的复杂思维过程。

一、创新思维的特点

（一）独创性

思维不受传统习惯和先例的禁锢，超出常规，在学习过程中对所学定义定理、公式、法则、解题思路、解题方法、解题策略等提出自己的观点想法，提出科学的怀疑，进行合情合理的改进。

（二）求异性

思维应标新立异，异想天开，出奇制胜。在学习过程中，对一些知识领域中长期以来形成的思想方法，不盲目信奉。

（三）联想性

面临某种情境时，思维可立即向纵深方向发展。觉察某现象后，思维立即设想他的反面。这实质上是一种由此及彼、由表及里、举一反三、融会贯通思维的连贯性和发散性。

（四）灵活性

思维突破"定向""系统""规范""模式"的束缚。在学习过程中，不拘泥于书本所学的、教师所教的，遇到具体问题灵活多变活学活用。

（五）综合性

思维调节局部与整体、直接与间接、简单与复杂的关系，在诸多信息中进行概括整理抽象内容具体化、繁杂内容简单化，从中提炼出系统的经验，以理解和熟练掌握所学定理公式、法则及有关解题策略。

二、创新思维的过程

创新思维是以发现问题为中心，以解决问题为目标的高级心理活动。创新思维过程一般包括以下四个阶段。

（一）准备阶段

创新思维是从发现问题、提出问题开始的。"问题意识"是创新思维的关键，提出问题后必须为解决问题做充分的准备。这种准备包括必要的事实和资料的收集、必需的知识和经验的储备技术和设备的筹集以及其他条件的提供等。同时，必须对前人在同一问题上所积累的经验有所了解、对前人尚未解决的问题做深入的分析。这样做，既可以避免重复前人的劳动，又可以使自己站在新的起点从事创造工作，还可以帮助自己从旧问题中发现新问题，从前人的经验中获得有益的启示。准备阶段常常要经历相当长的时间。

（二）酝酿阶段

酝酿阶段要对前一阶段所获得的各种资料和事实进行消化吸收，从而明确问题的关键所在，并提出解决问题的各种假设和方案。此时，有些问题虽然经过反复思考酝酿，仍未获得完美的解决，思维常常出现"中断"想不下去的现象。这些问题仍会不时地出现在人们的头脑中，甚至转化为潜意识，这样就为第三阶段（顿悟阶段）打下了基础。

许多人在这一阶段常常表现为狂热和如痴如醉，令常人难以理解。如我们非常熟悉的牛顿把手表当鸡蛋煮、陈景润在马路上与电线杆相撞。这个阶段可能是短暂的，也可能是漫长的，有时会延续好多年。创新者的观念仿佛是在"冬眠"中等待着"复苏""醒悟"。

（三）顿悟阶段

顿悟阶段也叫作豁然开朗阶段。经过酝酿阶段对问题的长期思考，创新观念可能突然出现，思考者大多有豁然开朗的感觉，真是"山重水复疑无路，柳暗花明又一村"。这一心理现象就是灵感或灵感思维。灵感的来临，往往是突然的、不期而至的。如德国数学家高斯，为证明某个定理，被折磨了两年仍无所得。可是有一天，正如他自己后来所说："像闪电一样，谜一下解开了。"

（四）验证阶段

思路豁然贯通以后，所得到的解决问题的构想和方案还必须在理论上和实践上进行反复论证和试验，验证其可行性。经验证后，有时方案得到确认，有时方案得到改进，有时方案完全被否定，再回到酝酿期。总之，灵感所获得的构想必须经过验证。

三、创新思维与一般思维的区别

创新思维之所以有别于一般思维而成为一种新的思维形式，主要是因为具备思维形式的反常性，思维过程的辩证性，思维空间的开放性，思维成果的独创性和思维主体的能动性。

思维形式的反常性。经常体现为思维发展的突变性、跨越性或逻辑的中断，这是因为创新思维主要不是对现有概念、知识循环渐进的逻辑推理过程和结果，而是依靠灵感直觉或顿悟等非逻辑思维形式。

思维过程的辩证性。这主要是指它既包含抽象思维，又包含非逻辑思维；既包含发散思维，又包含收敛思维；既有求同思维，又有求异思维等。由此形成创新思维的矛盾运动，从而推动创新思维的发展。创新思维实际上是各种思维形式的综合体。

思维空间的开放性。这主要是指创新思维需要多角度、全方位、宽领域地考察问题，而不再局限于逻辑的、单一的、线性的思维，形成开放式思维。

思维成果的独创性。这是创新思维的直接体现或标志，常常具体表现为创新成果的新颖性及唯一性。

思维主体的能动性。这表明了创新思维是创新主体的一种有目的的活动，而不是客观世界在人脑内简单、被动地直接反映，充分表现了人类活动的主动性和能动性。

四、创新思维的主要内容

（一）逻辑思维

所谓逻辑思维，就是人在感性认识的基础上，以概念为操作的基本单元，以判断推理为操作的基本形式，以辩证方法为指导，间接地、概括地反映客观事物规律的理性思维过程。创新思维方法主要有演绎推理法、归纳推理法和比较研究法等。

1. 演绎推理法

所谓演绎推理，就是从一般的、普遍性的前提推出个别的、特殊性结论的推理。按照既定的目标，运用演绎推理的思维方法，取得新颖性结论的过程，就是演绎推理法。例如，一切化学元素在一定条件下发生化学反应。惰性气体是化学元素，所以惰性气体在一定条件下确实能够发生化学反应。这里运用的就是演绎推理方法。

演绎推理的主要形式是三段论法。三段论法就是从两个判断中进而得出第三个判断的一种推理方法。上面的例子就包含着三个判断：第一个判断是

"一切化学元素都在一定条件下发生化学反应",提供了一般的原理原则,叫作三段论式的大前提。第二个判断是"惰性气体是化学元素",指出了一种特殊情况,叫作小前提。联合这两种判断,说明一般原则和特殊情况间的联系,因而得出第三个判断"惰性气体在一定条件下确实能够发生化学反应"的结论。

只要作为前提的判断是正确的,中间的推理形式是合乎逻辑规则的,那么,必然能够推出"隐藏"在前提中的知识。这种知识尽管没有超出前提的范围,但毕竟从后台走到了前台,对我们来说,往往也是新的,而且由于我们常常是为了某种实际需要才做这种推理,其结论很可能具有应用价值。这样演绎推理的结论就可能既具有新颖性,又具有实用性。

2. 归纳推理法

归纳推理法包括完全归纳推理和不完全归纳推理两种方法。从一般性较小的知识推出一般性较大的知识的推理,就是完全归纳推理法。在许多情况下,运用归纳推理可以得到新的知识。按照既定的目标,运用归纳推理的思维方法,取得新颖性结果的过程,就是不完全归纳推理法。

1 000 只大象都是灰色,第 1 001 只大象为白色的可能性总是存在的。所有的金属都有导电性,但电阻大小一不同,使用场合与效果也不一样,用铁丝充当保险丝就难以胜任,强而为之,后患无穷。

演绎法和归纳法的关系为:演绎法和归纳法是人们对客观和现实的两种对立的认识方法的总结。两者既是对立的,又是统一的,缺少任何一种,都无法认识真理。演绎法和归纳法仿佛是相反的两种方法,实际在人们的认识过程中,两者是辩证统一的。

没有归纳就没有演绎,因为演绎的出发点正是归纳的结果。演绎必须以可靠的归纳为基础。没有演绎同样也没有归纳,因为归纳总是在一般原理、原则或某种假说猜想的指导下进行的。

3. 比较研究法

比较研究法是通过两个或两个以上对象的同和异来获得新知识的方法。在比较研究中,主要起作用的还是逻辑思维中的演绎推理、归纳推理和类比推理。所以,比较研究是运用逻辑思维进行创新的一种方法。

（二）形象思维

所谓形象思维，主要是用直观形象和表象解决问题的思维。其特点是具体形象性、完整性和跳跃性。形象思维的基本单位是表象，它是用表象来进行分析综合、抽象、概括的过程。当人利用已有的表象解决问题时，或借助于表象进行联想想象，通过抽象概括构成一种新形象时，这种思维过程就是形象思维。所以，利用表象进行思维活动、解决问题的方法，就是形象思维法。比如，一个人要外出，他要考虑环境、气候、交通工具等情况分析比较走什么路线最佳，带什么衣物合适，这种利用表象进行的思维就是形象思维。在文学作品中典型形象的创造，画家绘画，建筑师设计规划建筑蓝图等，都是形象思维的结果。在学习中，不管哪一门学科，不管是多么抽象的内容，如果得不到形象的支持，如果没有形象思维的参与，都很难顺利进行。所以，我们学习各门课程时，既要运用抽象思维法，也要运用形象思维法。

形象思维训练方法主要有形象模仿法、形象想象法和形象组合法等。

1. 形象模仿法

形象模仿法是以某种原型为参照，在此基础之上加以变化产生新事物的方法。根据心中的表象，在模仿中获取知识和经验，从而对事物有深刻的认识和理解。很多发明创造都建立在对自然界模仿的基础上，如模仿鸟发明了飞机，模仿鱼发明了潜水艇，模仿蝙蝠发明了雷达。

2. 形象想象法

形象想象法是想象与形象思维相结合的一种思维方法。如高尔基就认为，想象在其本质上也是对于世界的思维，但主要用形象来思考，是一种"艺术的思维"。想象不是凭空产生的，是在大脑中对已有表象进行加工改造重新组合形成新形象的心理过程。

形象想象法是智慧活动富于创造性的重要条件。艺术家的艺术创作、工程师的蓝图设计、科学家的发明创造等都离不开想象的心理过程，也正是想象力激励他们获得成功。

唐代著名画家吴道子观看他的朋友裴旻将军舞剑。在寒光闪闪的创影中，裴旻静若处女，动如脱兔，矫若游龙。吴道子想象力飞腾，欣然命笔，不到半个时辰，一幅线条特别流畅的《佛像图》跃然于壁面。

3. 形象组合法

形象组合法是指将不同的意象合成一个新的整体，使组合后的整体价值大于各个意象价值的简单结合。

形象组合形式：一是事物形象之间的组合关系，也就是单个的事物形象如何组合成新的形象乃至整体的形象世界；二是形象内部的各个因素之间的构成关系，也就是单个的形象内部包含了哪些因素及这些因素是如何组成这个形象的。

（三）发散思维

发散思维又称辐射思维、放射思维、多向思维或扩散思维，是指从某一信息、某一事物中想象出各种可能、各种用途；以一个问题为中心，思维路线向四面八方扩散形成辐射状，从不同方面思考同一问题。例如，红砖有什么用途呢？

硬度方面——凳子、锤子、支书架、磨刀等。

突发奇想——刻成一颗红心献给心爱的人，在砖上制成自己的手印、脚印变成工艺品留念。

建筑材料——盖房子、铺路面、修烟囱等。

重量方面——压纸、凶器、砝码、哑铃等。

形状方面——尺子、多米诺骨牌、垫脚等。

颜色方面——当作笔、指示牌、压碎做颜料等。

发散思维方法主要有发挥想象力法、跳出逻辑思维圈法、大胆质疑法、多路思维法、换位思考法、纵向思维法与横向思维法等。

1. 发挥想象力法

发散思维和想象思维是密不可分的，向四面八方任意地展开想象，就是发散思维。要想培养发散思维，就要提供一个能充分发挥想象力的空间与契机，有机会异想天开，心驰神往。奇思妙想是产生创造力的不竭源泉。例如，妈妈不停地追问女儿关于鱼的吃法，就是发散思维训练的典型实例。

2. 跳出逻辑思维圈法

思维定式往往会成为开拓创新的思维枷锁阻碍新思维新方法的构建和新知识的吸收。因此，思维定式与创造性思维是互相矛盾的。

3. 大胆质疑法

明代哲学家陈献章说："前辈谓学贵有疑，小疑则小进，大疑则大进。"质疑能力的培养对启发思维发展和创新意识具有重要作用，质疑常常是培养创新思维的突破口。

孟子说："尽信书，不如无书。"大胆质疑书本，勇于发表独特见解，是提升发散思维能力的重要一环。

4. 多路思维法

解决问题时不是一条路走到黑，而是从多角度多方面思考，这是发散思维最一般的形式。比如，有一条水很深、很宽的河，要设法到河对面去，就可以运用多路思维法。

5. 换位思考法

在创新活动中，如何将思维的角度进行转换是一个很关键的问题。比如，"田忌赛马"故事中的孙膑就很聪明，他其实就是换个角度看问题而已，把顺序调整一下即可。

看问题的角度往往决定人们对于问题的看法，如果多寻求几个角度去观察和思考，其中就多了一些智慧。不同的角度，不同的视野，"旱路不通走水路"，就会发现不一样的精彩，就会拥有一片更广阔的天空。

6. 纵向思维法与横向思维法

纵向思维是指在一种结构范围内，按照有顺序的、可预测的、程式化的方向进行的思维形式。这种思维方式符合事物发展方向和人类认识习惯，遵循由低到高、由浅及深、自始至终等线索，因而清晰明了，合乎逻辑。

横向思维是指突破问题的结构范围，从其他领域的事物、事实中得到启示，而产生新设想的思维方式。这种思维方式不一定是有顺序的，同时也不能预测。不是过多地考虑事物的确定性，而是考虑多种多样的可能性；关心的不是怎样在旧观点上修修补补，而是注意如何提出新观点；不是一味追求正确性，而是着重追求它的丰富性；不拒绝各种机会，尽可能去创造和利用机会。

（四）联想思维

所谓联想思维，就是指人们在头脑中将一种事物的形象与另一种事物的形象联系起来，探索它们之间共同或类似的规律，从而解决问题的思维方法。

客观世界是复杂的，是由许多形色的事物构成的，而不同事物之间又存在着各种各样的差异。正是由于这些差异，才使整个世界变得丰富多彩、千姿百态。同样，也正是由于这些差异，才使得人们难以将它们联系到一起。事实证明，两个事物之间的差异越大，将它们联想到一起就越困难，而一旦将两种看似不相干的事物联系起来，往往就能作出创新。

联想思维有着广泛的基础，它为我们提供了无限广阔的天地。一个人如果不会运用联想思维，那么他的知识是零碎的、孤立的，派不上什么用场的。可如果他善于运用联想思维，就会由此及彼扩展开去，做到举一反三，闻一知十，触类旁通，从而使思维跳出现有的圈子，突破思维定式而获得创新的构思。

在创新过程中，联想思维是一种常见而有效的方法。根据联想思维产生的目的性，可以将联想思维方法分成自由联想法和强迫联想法两种。

1. 自由联想法

自由联想法是一种主动自由的积极联想，是在自由奔放、毫无顾忌的情况下进行联想，该方法是属于探索性的，它是由美国芝加哥大学的心理学家首先提出并开始实验的。

心理学家提出一个有趣的问题，要求参与实验的人尽快地想到多种观念，再从这些观念中选择出新的观念来。例如，提及"飞机"一词，就可以联想到航空、机身、机翼、机尾与着陆装置等，还可以联想到飞机原理起飞的上升力、着陆的下降力及飞机冲力必须超过它的阻力等。经过一系列的追踪研究发现，自由联想越丰富的人，作出创新的可能性往往越大。

2. 强迫联想法

强迫联想法是苏联心理学家哥洛万斯和塔斯林茨发明的，其方法是要求拿本产品目录，随意翻阅，联想翻看到的两种产品能否构成新事物。

日本软件银行总裁孙正义的成功就得益于他早年在美国留学时的"每天一项发明"。那时候不管多忙，他每天都要给自己5分钟的时间强迫自己想一项发明。他发明的方法很奇特：从字典里随意找三个名词，然后想办法把这三样东西组合成一个新东西。一年下来，竟然有250多项发明。在这些"发明"里，最重要的是"可以发声的多国语言翻译机"。这项发明后来以1亿日元的价格卖给了日本夏普公司，为孙正义赚到了创业的资金。在这里，孙正义所用的就是强迫联想法。

（五）应变思维

应变思维是对问题未经逐步分析仅依据自己的感知迅速地对问题答案作出判断、猜想和设想的一种思维方式。

18 世纪，俄国大军事家苏沃洛夫非常注意培养训练士兵随机应变、当机立断和快速反应的能力。他常常会突然问："森林里有多少细菌？""天空中有多少星星？""这个蚁穴里有多少只蚂蚁？"开始，有些士兵不明白他的用意，被弄得丈二和尚摸不着头脑，只好回答："我不知道。"苏沃洛夫最讨厌这句不负责任的"我不知道"，异常愤怒。

其实，苏沃洛夫突然地提出一些使人发蒙的问题正是训练士兵应变能力的一种方法。

应变思维方法主要有优化抉择法、创造性预见法、急中生智法和直觉思维法等。

1. 优化抉择法

创造性思维都要从问题开始，而问题的解决往往存在多种可能性。因此，能否从中作出正确的抉择就成了关键。

法国数学家庞莱的发明实际上就是抉择怎样从多种可能中作出优化的抉择呢？经验表明，单单运用逻辑思维是没法完成的，必须依靠应变抉择。爱因斯坦创立"光量子假说"也是如此。

2. 创造性预见法

所谓创造性预见法，是指人脑对事物对象及其结构关系的一种迅速判断与敏锐的思维法。预见思维是一种运用发展变化的眼光看世界的思维方法。

布鲁纳有关预见的训练是一门正式的学术学科，但却很容易被人们所忽视。机灵的预见、丰富的假设和大脑迅速作出试验性结论，这是从事任何一项工作的思想家极其珍贵的财富，而学校的任务就是引导学生掌握这种天赋。法拉第预见了磁力线与磁场的存在；居里夫人预见了放射性元素钋和镭的存在；丁肇中教授预见了 J 粒子的存在。

3. 急中生智法

顺其然，夺其时，识其本，成其事。急中生智往往能够最大限度地激发人的大脑潜能，瞬间释放出智慧的光芒。

急中生智最主要的特征是简约性，在极短的时间里作出决策。英国首相丘吉尔有一次在公开场合演讲，从台下递上一张纸条，上面只写了两个字"笨蛋"。丘吉尔神色从容地对大家说："刚才我收到一封信，可惜写信人只记得署名，忘了写内容。"

第二节 大学生创新创业能力训练

大学生创新能力训练一般可以通过课程教学、学科竞赛、专项课题研究等途径和方式实现。

一、在课程教学中训练创新能力

（一）在课程知识学习中训练创新能力

1. 采取多样新颖的教学方法，培训大学生的创新思维

具体做法：在大学生学习的每门课程中，教师根据教学内容，运用多样新颖的教学方法，使课堂动起来，让学生充满激情，思维活跃，真正成为学习的主人。让学生参与到学习中，充分发挥学生的主体作用，师生之间进行多向交流与探讨。为了取得比较好的训练效果，在教学中，教师可以事先准备一些具有趣味性、探索性、研究性、创造性的练习题，以激发学生的求知欲望和表现欲望。激励学生的成就感和进取精神，着重引导学生积极思考，使不同学生都能体验成功的喜悦，从而让大学生在知识学习中培养创新思维。

训练模式：课程知识学习+多向交流探讨+培养学生创新思维。

示范：以市场营销学课程学习为例，目标市场知识学习——关于手机目标市场的交流与探讨某区域手机，目标市场的开发——提出具体的手机，目标市场开发方案——培养创新思维。

2. 建立协作学习小组，培训大学生的创新能力

具体做法：在课程教学中，教师通过引导大学生组建协作学习小组，传授学生相应的创新学习方法，让学生在协作学习过程中学会如何分析解决问题，形成新设想、产生新方案的规律、途径、手段和方法。面对"事物"，心里多问

一问：现在的这些有什么问题吗？该怎样做才能更好些？通过组织利用协作学习的方式引导学生提出问题，激发学生形成新设想，学会寻找解决问题的有效途径。

训练模式：协作学习组织+创新方法+培养寻找解决问题的新途径。

示范：以市场营销课程学习为例，新产品市场开发协作学习组织—创新方法—寻找开发新途径。

3. 培养学习兴趣，激发创新精神

具体做法：在教学中，把教师的主导作用和学生的主体作用结合起来。根据教育教学内容和学生身心状态，教师通过各种形式创设情境，精心设计问题，并给学生提供思维的广阔空间，有意识地鼓励学生在学习中发现并总结规律，大胆质疑问题，敢于提出假想，激发学生强烈的好奇心、刨根究底的欲望，从而培养出学生的创新精神。

训练模式：激发学生强烈的好奇心和学习兴趣+产生刨根究底欲望+培训出创新精神。

示范：以市场营销学课程为例，脑白金营销为什么成功？

4. 启发想象能力，增强创新能力

具体做法：在教学中，教师通过提供机会，精心选择些发散点，培养学生创造想象的能力。让学生通过各种形式表现自己脑海中的构想，谋求一种与众不同的理解。鉴于学生的能力水平问题，在实际教学操作中，可采用小组合作的形式。让学生在和谐、合作的气氛中，边讨论边思考，各抒己见。在这个过程中，它能引发学生进步思考，不失时机地培养学生的创新思维能力。

训练模式：激发学生强烈好奇心和学习兴趣+产生刨根究底欲望+培训出创新精神。

示范：以市场营销学课程为例，脑白金营销成功的主要原因是什么？

（二）在实践中训练创新能力

1. 开设创新实验项目

创新实验项目不像一般的实验训练，侧重在课程知识的应用，侧重在学生运用所学的课程专业知识去解决实际问题。学生要完成创新实验项目，需要深入思考，需要解决许多没有现成答案的问题，需要自己设计方案，寻找答案。

创新实验项目能够很好地培养学生的创新能力。

学校主要通过投资购买专门的创新创业培训软件来培训大学生的创新能力。如杭州贝腾公司的创新创业软件、深圳因纳特科技有限公司的创新先锋软件等，都可以模拟创新创业环境，通过训练让大学生的创新创业能力大大提高。

2. 任务驱动

任务驱动的教与学的方式，能为学生提供体验实践的情境和感悟问题的情境，围绕任务展开学习，以任务的完成结果检验和总结学习过程等，改变学生的学习状态，使学生主动进行探究实践思考。其具体实施过程如下。

（1）给出具体任务。在实训过程中给出具体的任务。如娃哈哈新品在某市的上市推广。

（2）设定任务目标。比如，在多长时间内要让该新品的知名度达到百分之多少，产量达到多少，销售收入达到多少等。

（3）制定任务要求与规则。学生分组进行，在规定的时间内每组要设计出新品上市推广方案；将设计方案撰写出来交给教师，然后同娃哈哈公司合作实施。

（4）任务结束后的反馈。例如，新品上市推广的创意来源于哪儿？学生是从哪个方面考虑推广创新的？在这个活动中，有什么收获？

实训可以让学生在实践中掌握理论知识，也可以让学生结合自己的专业，提高自己的动手能力。

3. 情景模拟实训

情景模拟实训的核心在于激发学生的情感，通过有目的地引入或创设具有一定情绪色彩的、以形象为主体的具体场景，引起学生一定的态度体验，从而帮助学生理解知识，并使学生的心理功能得到发展。例如，在智力激励法的实训过程中，布置学习任务。情景模拟的教学方式寓教学内容于具体形象的情景中，让学生在体验中加深对知识的理解。

4. 案例训练

将案例的情境与相应的训练内容联系起来，以揭示案例与实训知识之间的联系。实训的特点就在于教师通过启发、引导、组织、调控，促使学生积极参与、主动交流和展开探索研究，从而培养大学生的创新能力。

（三）在科研过程中训练创新能力

学生科研训练是高校教育改革的重要举措，是提高大学本科教育教学质量的重要经验之一，是培养大学生创新意识和创造能力的有效途径。

发挥其主观能动性。通过科研训练，可以激发大学生学习的主动性，培养其进行独立思考的能力，进而发挥其主观能动性。同时科研训练还培养了学生的团队意识以及将来进入职场所必备的基本道德素质，能力创新正是在这一系列的活动中产生的。

1. 学校搭建大学生科研训练平台

学校负责搭建大学生科研训练平台。平台的搭建可提高大学生创新意识和创新能力训练的质量。平台一是要培养大学生的科研兴趣，二是要提供大学生开展科研的条件，三是要提供政策和经费的支持。

2. 教师提供科研项目并指导实施

（1）教师可以吸收大学生参与自己的科研项目，培养学生科研的兴趣。

（2）教师指导学生申报学生科研项目，并教给学生最基本的科研与创新方法，比如如何选题，如何收集、分析、整理资料、如何提炼论点、如何论证阐述等。

（3）以培养学生获取知识的能力为着眼点，培养学生的创新能力。教师应多培养学生独立思考的能力，通过创建讨论小组，使学生积极参与讨论，教师从旁指导。有一千个读者，就有一千个哈姆雷特。对于同一个问题，每个学生都有其独特的见解。但是，只有通过集体讨论，才能明白自己思维的局限性，从而激发更广阔的思维，产生更多的灵感。

3. 学生借助科研培养创新能力

学生是科研训练成功与否的内因，不论是学校，还是教师，都属于科研训练的辅助因素，真正发挥作用的还是学生本人。学生要正确认识科研训练与创新能力培养之间的关系，要严格要求自己参加科研训练以提高自身的创新能力积极参与科研训练活动，在实践中积累知识培养能力，并形成善于与人合作的良好品质。

二、在学科竞赛中训练创新能力

（一）在专业学科竞赛中训练大学生的创新能力

学科竞赛是在紧密结合课堂教学的基础上，以竞赛的方法激发学生理论联系实际，引导学生通过完成竞赛任务来发现问题、解决问题进而培养学生综合能力的系列化活动。这不仅对实践教学具有促进作用，而且在增强学生学习兴趣，培养学生的团队协作意识和精神，推进学科建设和课程改革，引导高校在教学改革中注重培养学生的创新能力动手能力等方面具有重要的功能。

1. 在竞赛内容方面

各学校可以根据不同门类专业学科设计竞赛题目。竞赛题目可以是按照参赛标准和准则自行设计作品，也可以是针对现存问题提供解决方案，还可以发挥大学生的想象力构建一个场景来说明学科知识在实际中的具体运用，具有内容开放、竞赛难度较大的特点。学科竞赛对知识的综合和灵活运用能力要求较高，学生需要充分运用库存知识去发现并且分析解决问题，利用现有知识背景去筛选方法及验证方案，进而完成从掌握理论知识到切实解决问题的跨越。

2. 在竞赛准备方面

学科竞赛需要参赛学生具备良好的心理素质和精神面貌。学科竞赛比赛周期较长，短则几周，长则数月，而且参赛场数多，难度系数和强度系数随着时间的推移会逐渐增大。这就要求参赛者具有坚持不懈的毅力和百折不挠的精神，长时间面对困难的勇气和决心，有超强的忍耐力和抗压力，具有心理准备充分、抗压能力强等特点。

3. 在竞赛方式方面

参赛的学生可以利用现代化网络提供的便利条件，运用网络和各种文献资料、书籍、光影磁盘等多种途径获取所需信息。同时，参赛者可以建立稳定的人际脉络网，形成自己的"军师团"，向他们请教参赛的好策略可行性方案。这种半开放形式和完全开放形式的学科竞赛方式对资料和信息的获取路径、对信息如何分析和处理，没有规定的范式。

因此对于外部资源的利用全凭参赛者"各显神通"，具有灵活度高、支撑系统多、可利用资源广泛的特点。

（二）借助"挑战杯"平台训练大学生的创新能力

"挑战杯"全国大学生课外学术科技作品竞赛是国内著名大学和新闻单位联合发起的，由共青团中央、中国科协、教育部全国学联和承办单位所在省（市）人民政府共同主办，是一项具有示范性、导向性和群众性的全国竞赛活动。各高校可以以"挑战杯"为平台积极开展各级各类科技竞赛活动，促进大学生创新和实践能力的提升。

1. 建立科学合理的创新能力培养体系

改革传统的教学模式，在原有的实践教学平台、实训教学平台的基础上，增加大学生创新教学平台。创新教学平台在搭建上要包括科技或社会活动项目、竞赛活动或项目、创新作品或创业成果，将平台分为基础层、综合层和提高层，形成一个完善的教学平台。

2. 加强三支队伍的建设和注重两个梯队的培养

三支队伍包括专业教师队伍、组织管理队伍和科技活动骨干队伍，两个梯队则是指导教师梯队和参赛选手梯队。专业教师队伍在教育教学过程中的创新性思维，创新性教育教学方法的充分发挥，为持久开展创新教育、培养大批创新人才提供了基础条件。

组织管理队伍由学生工作者组成，他们与学生接触最多、联系最紧密，对学生产生潜移默化的影响。科技活动骨干队伍在培养大学生创新能力方面发挥带动作用。指导教师梯队决定学生科技创新活动的层次和质量，必须选拔和培养一批技术水平高、责任心强的教师参与指导大学生科技创新活动，为课外科研提供技术支持。参赛选手梯队关键在于中间人才梯队的培养和供应，在全国性大赛中，一般要组织较多的学生参加预赛，让更多的学生参与设计和制作，再从中选拔优秀的学生参赛。对于落选的学生，学校也要鼓励他们以后备队员的身份与参赛队员一起进行训练。这样做，一方面可以防止个别参赛队员由于特殊原因不能参赛时随时有队员进行补充，另一方面也为活动的持续开展培养了梯队。

3. 建立创新教育的有效载体

参加课外科技活动对学生而言是一个自主探索学习的过程。学生会不断发现问题，提出问题并努力求解。这就促使学生从被动学习转变为主动学习，锻炼其发现问题解决问题的能力。学生课外科技活动的实质是强调创造性，获得解决问题的方法和形成探索研究的精神，它为创新活动构建了一个新的平台。

4. 为项目孵化提供条件和促进科研成果的应用及转让

学校在条件成熟时可设立科技创新"孵化器"，对有较强实际操作能力和良好市场前景的创新创业项目给予一定帮助。在把项目"扶上马"，参赛之后，如果该项目有宽广的空间和潜力，我们还应该在创业的道路"送一程"。

三、在专项课题研究中训练创新能力

各高校为了培养大学生的创新创业能力，还可以通过设立或申报大学生创新创业的专项研究课题，让大学生在主持或参与创新创业专项课题研究中培养创新能力。

（一）高校自设的大学生创新创业项目

各高校可以根据本学校专业学生的实际情况，从培养大学生创新能力的需要出发，设立一些具有特色的创新专项科研课题供本校学生申报，让学生在专项课题研究中培养创新能力。例如，华侨大学设立的"华侨大学学生科技文化创新创业项目"、乐山师范学院设立的"乐山师范学院科技和旅游文化创新创业项目"等。

（二）地方政府设立的大学生创新创业项目

各高校所在的省、地市政府部门为了推动本省、本地市大学生创新创业活动，培养大学生创新创业能力而设立的专题研究项目，学校也可以积极动员大学生去申报，争取立项。如四川省人社局、乐山市人社局就设立了相应的专项课题。

第三节　大学生创新方法

创新方法是指创新活动中带有普遍性和规律性的方法和技巧。创新方法一直为世界各国所重视，在美国被称为创造力工程，在日本被称为发明技法，在俄罗斯被称为创造力技术或专家技术。我国学者认为创新方法是科学思维、科

学方法和科学工具的总称。其中，科学思维是一切科学研究和技术发展的起点，始终贯穿于科学研究和技术发展的全过程，是科学技术取得突破性、革命性进展的先决条件。

科学方法是人们进行创新活动的创新思维、创新规律和创新机理，是实现科学技术跨越式发展和提高自主创新能力的重要基础。科学工具是开展科学研究和实现创新的必要手段和媒介，是最重要的科技资源。由此可见，创新方法既包含实现技术创新的方法，也包含实现管理创新的方法。目前，主要的创新方法有头脑风暴法、统摄法、奥斯本检核表法、六项思考帽法等。

一、头脑风暴法

头脑风暴（Brain Storming，BS）法又称智力激励法或自由思考法（畅谈法，畅谈会，集思法）。头脑风暴法出自"头脑风暴"一词。所谓头脑风暴（Brain-Storming），最早是精神病理学上的用语，指精神病患者的精神错乱状态而言的。而现在则成为无限制地自由联想和讨论的代名词，其目的在于产生新观念或激发创新设想。

头脑风暴法是由美国创造学家 A.F.奥斯本于 1939 年首次提出、1953 年正式发表的一种激发性思维的方法。此法经各国创造学研究者的实践和发展，至今已经形成了一个发明技法群，如奥斯本智力激励法、默写式智力激励法、卡片式智力激励法等。

在群体决策中，由于群体成员心理相互作用影响，易屈于权威或大多数人意见，形成所谓的"群体思维"。群体思维削弱了群体的批判精神和创造力，降低了决策的质量。为了保证群体决策的创造性，提高决策质量，管理上发展了一系列改善群体决策的方法，头脑风暴法是较为典型的一个。

头脑风暴法又可分为直接头脑风暴法（通常简称为头脑风暴法）和质疑头脑风暴法（也称反头脑风暴法）。前者是在专家群体决策中尽可能激发其创造性，产生尽可能多的设想，后者则是对前者提出的设想、方案逐一质疑，分析其现实可行性。

采用头脑风暴法组织群体决策时，要集中有关专家召开专题会议，主持者以明确的方式向所有参与者阐明问题，说明会议的规则，尽力营造融洽轻松的会议气氛。主持者一般不发表意见，以免影响会议的自由气氛，由专家们"自由"提出尽可能多的方案。

（一）头脑风暴法的激发机理

头脑风暴何以能激发创新思维？根据 A.F.奥斯本本人及其他研究者的看法，主要有以下几点。

第一，联想反应。联想是产生新观念的基本过程。在集体讨论问题的过程中，每提出一个新的观念，都能引发他人的联想。相继产生一连串的新观念，产生连锁反应，形成新观念堆，为创造性地解决问题提供了更多的可能性。

第二，热情感染。在不受任何限制的情况下，集体讨论问题能激发人的热情。人自由发言、相互影响、相互感染，能形成热潮，突破固有观念的束缚，最大限度地发挥创造性思维能力。

第三，竞争意识。在有竞争意识的情况下，人人争先恐后，竞相发言，不断地开动思维机器，力求有独到见解，新奇观念。心理学的原理告诉我们，人类有争强好胜心理，在有竞争意识的情况下，人的心理活动效率可增加 50%或更多。

第四，个人欲望。在集体讨论解决问题过程中，个人的欲望自由不受任何干扰和控制是非常重要的。头脑风暴法有一条原则，不得批评仓促地发言，甚至不许有任何怀疑的表情、动作、神色。这就能使每个人畅所欲言，提出大量的新观念。

（二）头脑风暴法成功的关键

头脑风暴法成功的关键是探讨方式，即群体能进行充分、非评价性和无偏见的交流，具体可归纳为以下几点。

1. 自由畅谈

参加者不应受任何条条框框限制，放松思想，让思维自由驰骋，从不同角度，不同层次，不同方位，大胆地展开想象，尽可能地标新立异，与众不同，提出独创性的想法。

2. 延迟评判

头脑风暴必须坚持当场不对任何设想作出评价的原则，既不能肯定某个设想，又不否定某个设想，也不对某个设想发表评论性的意见，一切评价和判断都要延迟到会议结束以后才能进行。这样做一方面是为了防止评判约束与会者的积极思维，破坏自由畅谈的有利气氛；另一方面是为了集中精力先开发设想，避免把应该在后阶段做的工作提前进行，影响创造性设想的大量产生。

3. 禁止批评

绝对禁止批评是头脑风暴法应该遵循的一个重要原则。参加头脑风暴会议的每个人都不得对别人的设想提出批评意见，因为批评对创造性思维无疑会产生抑制作用。即使自己认为是幼稚的、错误的，甚至是荒诞离奇的设想，亦不得予以驳斥。

同时，发言人的自我批评也在禁止之列。有些人习惯于用一些自谦之词，这些批评性质的说法同样会破坏会场气氛，影响自由畅想。诸如"这根本行不通""你这想法太陈旧了""这是不可能的""这不符合某某定律""我提一个不成熟的看法""我有一个不一定行得通的想法"等语句，禁止在会议上出现。

4. 追求数量

头脑风暴会议的目标是获得尽可能多的设想，追求数量是它的首要任务。参加会议的每个人都要抓紧时间多思考，多提设想。至于设想的质量问题，自可留到会后的设想处理阶段去解决。在某种意义上，设想的质量和数量密切相关，产生的设想越多，其中的创造性设想就可能越多。

（三）头脑风暴法的操作程序

1. 准备阶段

头脑风暴法的主持工作最好由对决策问题的背景比较了解并熟悉头脑风暴法处理程序和处理方法的人担任。头脑风暴主持者的发言应能激起参加者的思维"灵感"，促使参加者感到急需回答会议提出的问题。

主持人应事先对所议问题进行一定的研究，弄清问题的实质，找到问题的关键，设定解决问题所要达到的目标。同时选定与会人员，一般以5—10人为宜，不宜太多。然后将会议的时间、地点、所要解决的问题、可供参考的资料和设想、需要达到的目标等事宜一并提前通知与会人员，让大家做好充分的准备。通常，可按照如下原则选取与会人员。

（1）如果参加者相互认识，要从同一职位（职称或级别）人员中选取。领导人员不应参加，否则可能会对参加者造成某种压力。

（2）如果参加者互不认识，可从不同职位（职称或级别）人员中选取。这时不应宣布参加者的职位，即应同等对待所有参加者，而不必考虑其职位高低。

（3）参加者的专业应力求与所论及的决策问题相一致，这并不是专家组成员的必要条件。但是，专家中最好包括一些学识渊博，对所论及问题有较深理解的其他领域专家。此外，头脑风暴法的所有参加者都应具备较高的联想思维能力。

2. 热身阶段

这个阶段的目的是营造一种自由、宽松、祥和的氛围，使大家得以放松，进入一种无拘无束的状态。主持人宣布开会后，先说明会议的规则，然后随便谈点有趣的话题或问题，让大家的思维处于轻松和活跃的状态，这个时间需5～10分钟。如果所提问题与会议主题有着某种联系，人们便会轻松自如地导入会议议题，效果自然更好。

一旦参加者被鼓励起来以后，新的设想就会源源不断地涌现出来。这时，主持者只需根据"头脑风暴"的原则进行适当引导即可。应当指出，发言量越大，意见越多种多样，所论问题越广越深，出现有价值设想的概率就越大。

3. 明确问题

接下来，主持人简明扼要地介绍有待解决的问题。介绍时不可过分详细，否则，过多的信息会限制人的思维，干扰思维创新的想象力。

4. 重新表述问题

经过一段讨论后，大家对问题已经有了较深程度的理解。这时，为了使大家对问题的表述能够具有新角度、新思维，主持人或书记员要记录大家的发言，并对发言记录进行整理。通过记录的整理和归纳，找出富有创意的见解，以及具有启发性的表述，供下一步畅谈时参考。

5. 畅谈阶段

畅谈是头脑风暴法的创意阶段。为了使大家能够畅所欲言，需要制定如下规则：

第一，不要私下交谈，以免分散注意力；第二，不能妨碍他人发言，不去评论他人发言，每人只谈自己的想法；第三，发表见解时要简单明了，一次发言只谈一种见解。主持人首先要向大家宣布这些规则，随后引导大家自由发言，自由想象，自由发挥，使彼此相互启发，相互补充，真正做到知无不言，言无不尽，畅所欲言，然后将会议发言记录进行整理。

6. 筛选阶段

会议结束后的一两天内，主持人应向与会者了解大家会后的新想法和新思路，以此补充会议记录。然后将大家的想法整理成若干方案，再根据相关标准进行筛选，经过多次反复比较和优中择优，最后确定1—3个最佳方案。这些最佳方案往往是多种创意的优势组合，是大家集体智慧的结晶。

（四）头脑风暴法中主持人技巧

主持人应懂得各种创造思维和技法，会前要向与会者重申会议应严守的原则和纪律，善于激发成员思考，使场面轻松活跃而又不失脑力激荡。

可轮流发言，每轮每人简明扼要地说清楚一个创意设想，避免形成辩论会和发言不均。

要以赏识激励的词句语气和微笑点头的行为语言，鼓励与会者多出设想，如说："对，就是这样！""太棒了！""好主意！这一点对开阔思路很有好处！"等。

禁止使用"这点别人已说过了！""实际情况会怎样呢？""请解释一下你的意思。""就这一点有用""我不赞赏那种观点。"等。

经常强调设想的数量，比如平均3分钟内要发表10个设想。

遇到人人皆才穷计短、出现暂时停滞时，可采取一些措施，如休息几分钟，再进行几轮脑力激荡，或发给每人一张与问题无关的图画，要求讲出从图画中所获得的灵感。

根据课题和实际情况需要，引导大家掀起一次又一次脑力激荡的"激波"。如课题是某产品的进一步开发，可以从产品改进配方思考作为第一激波、从降低成本思考作为第二激波、从扩大销售思考作为第三激波等。又如，对某一问题解决方案的讨论，引导大家掀起"设想开发"的激波，及时抓住"拐点"，适时引导进入"设想论证"的激波。

要掌握好时间，会议持续1小时左右，形成的设想应不少于100种。但最好的设想往往是会议要结束时提出的，因此，预定结束的时间到了后可以根据情况再延长5分钟，这是人们最容易提出好设想的时候。在1分钟时间里再没有新主意、新观点出现时，智力激励会议可宣布结束或告一段落。

二、5W2H分析法

5W2H分析法又叫七何分析法，由二战中美国陆军兵器修理部首创。简单、方便，易于理解、使用，富有启发意义，广泛用于企业管理和技术活动，对于决策和执行性的活动措施也非常有帮助，也有助于弥补考虑问题的疏漏。

（一）5W2H分析法的具体内容

发明者用五个以W开头的英语单词和两个以H开头的英语单词进行设问，发现解决问题的线索，寻找发明思路，进行设计构思，从而搞出新的发明项目，这就叫作5W2H法，如图2-3-1所示。

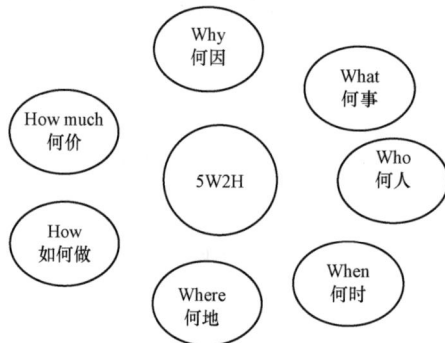

图 2-3-1　5W2H 法

What——做什么？目的是什么？做什么工作？

How——怎么样？如何提高效率？如何实施？方法怎样？

Why——为什么？为什么要这么做？理由何在？原因是什么？为什么造成这样的结果？

When——何时？什么时间完成？什么时机最适宜？

Where——何处？在哪里做？从哪里入手？

Who——何人做？由谁来承担？谁来完成？谁负责？

How much——多少？做到什么程度？数量如何？质量水平如何？费用产出如何？

提出疑问于发现问题和解决问题是极其重要的。创造力高的人，都具有善于提问题的能力。众所周知，提出一个好的问题，就意味着问题解决了一半。

提问题的技巧高，可以发挥人的想象力。相反，有些问题提出来，反而挫伤我们的想象力。

发明者在设计新产品时，常常提出：为什么（Why）；做什么（What）；何人做（Who）；何时（When）；何地（Where）；怎样（How）；多少（How much）。这就构成了 5W2H 法的总框架。如果提问题中常有"假如……""如果……""是否……"这样的虚构，就是一种设问，设问需要更高的想象力。

在发明设计中，对问题不敏感，看不出毛病是与平时不善于提问有密切关系的。对一个问题追根刨底，有可能发现新的知识和新的疑问。所以，从根本上说，学会发明，首先要学会提问，善于提问。

阻碍提问的因素一是怕提问多，被别人看成什么也不懂的傻瓜，二是随着年龄和知识的增长，提问欲望渐渐淡薄。如果提问得不到答复和鼓励，反而遭人讥讽，结果在人的潜意识中就形成了这种看法：好提问、好挑毛病的人是扰乱别人的讨厌鬼，最好紧闭嘴唇，不看、不闻、不问，但是这恰恰阻碍了人的创造性发挥。

（二）5W2H 法的应用程序

下面以检查原产品的合理性为例，说明 5W2H 法的应用程序。

1. 检查原产品的合理性

（1）为什么（Why）？为什么采用这个技术参数？为什么不能有响声？为什么停用？为什么变成红色？为什么要做成这个形状？为什么采用机器代替人力？为什么产品的制造要经过这么多环节？为什么非做不可？

（2）做什么（What）？条件是什么？哪一部分工作要做？目的是什么？重点是什么？与什么有关系？功能是什么？规范是什么？工作对象是什么？

（3）何人做（Who）？谁来办最方便？谁会生产？谁可以办？谁是顾客？谁被忽略了？谁是决策人？谁会受益？

（4）何时（When）？何时要完成？何时安装？何时销售？何时是最佳营业时间？何时工作人员容易疲劳？何时产量最高？何时完成最为适宜？需要几天才算合理？

（5）何地（Where）？何地最适宜某物生长？何处生产最经济？从何处买？还有什么地方可以作销售点？安装在什么地方最合适？何地有资源？

（6）怎样（How to）？怎样做省力？怎样做最快？怎样做效率最高？怎样改进？怎样得到？怎样避免失败？怎样求发展？怎样增加销路？怎样达到效率？怎样才能使产品更加美观大方？怎样使产品用起来方便？

（7）多少（How much）？功能指标达到多少？销售多少？成本多少？输出功率多少？效率多高？尺寸多少？重量多少？

2. 找出主要优缺点

如果现行的做法或产品经过七个问题的审核已无懈可击，便可认为这一做法或产品可取。如果七个问题中有一个答复不能令人满意，则表示这方面有改进余地。如果哪方面的答复有独创的优点，则可以扩大产品这方面的效用。

3. 决定设计新产品

克服原产品的缺点，扩大原产品独特优点的效用。

这样的"5W2H"的思维方式，换种说法，就是管理的精确化、数字化，这不只限于执行工作指令时有用，还可以运用到管理的一切方面。在做任何事情的时候，头脑中都有如此精确化、数字化的概念，才能避免在工作中的盲目冲动或感情用事。比如在审查一个改善方案是否有价值实施的时候，只要做一个"5W2H"的比较评价，立刻就会明白是否值得去做。

三、六顶思考帽法

六顶思考帽是英国学者爱德华·德·博诺（Edward de Bono）博士开发的一种思维训练模式，或者说是一个全面思考问题的模型。它提供了"平行思维"的工具，避免将时间浪费在互相争执上。强调的是"能够成为什么"，而非"本身是什么"，是寻求一条向前发展的路，而不是争论谁对谁错。运用德·博诺的六顶思考帽，将会使混乱的思考变得清晰，使团体中无意义的争论变成集思广益的创造，使每个人变得富有创造性。

（一）六顶思考帽分类

所谓六顶思考帽，是指使用六种不同颜色的帽子代表六种不同的思维模式，分别是白色思考帽、绿色思考帽、黄色思考帽、黑色思考帽、红色思考帽、蓝色思考帽。任何人都有能力使用以下六种基本思维模式。

（1）白色思考帽。白色是中立而客观的。戴上白色思考帽，人们关注的是客观事实和数据。

（2）绿色思考帽。绿色代表茵茵芳草，象征勃勃生机。绿色思考帽寓意创造力和想象力，它具有创造性思考、头脑风暴、求异思维等功能。

（3）黄色思考帽。黄色代表价值与肯定。戴上黄色思考帽，人们从正面考虑问题，表达乐观的、满怀希望的、建设性的观点。

（4）黑色思考帽。戴上黑色思考帽，人们可以运用否定、怀疑、质疑的看法，合乎逻辑地进行批判，尽情发表负面意见，找出逻辑上的错误。

（5）红色思考帽。红色是情感的色彩。戴上红色思考帽，人们可以表现自己的情绪，人们还可以表达直觉、感受、预感等方面的看法。

（6）蓝色思考帽。蓝色思考帽负责控制和调节思维过程。它负责控制各种思考帽的使用顺序，它规划和管理整个思考过程，并负责作出结论。

六项思考帽是一个操作简单、经过反复验证的思维工具，它给人以热情、勇气和创造力，让每一次会议，每一次讨论，每一份报告，每一个决策都充满新意和生命力。这个工具能够帮助人们提出建设性的观点；聆听别人的观点；从不同角度思考同一个问题，从而创造高效能的解决方案；用"平行思维"取代批判式思维和垂直思维提高团队成员集思广益的能力。

（二）应用步骤

下面以使用"六项思考帽"来考虑我们工作中存在的问题为例，简要介绍一下"六项思考帽"的应用步骤。

（1）运用"白色思考帽"来思考、搜集各环节的信息，收取各个部门存在的问题，获得基础数据。

（2）戴上"绿色思考帽"，用创新思维来考虑这些问题，不是一个人思考，而是各层次管理人员都用创新的思维去思考，大家提出各自解决问题的办法、好的建议、好的措施。也许这些方法不对，甚至无法实施，但是，运用创新思考方式就是要跳出一般的思考模式。

（3）分别戴上"黄色思考帽"和"黑色思考帽"，对所有的想法从"光明面"和"良性面"进行逐个分析，对每一种想法的危险性和隐患进行分析，找出最佳切合点。"黄色思考帽"和"黑色思考帽"这两种思考方法，就好像是孟子的性善论和性恶论，都能进行否决或都进行肯定。

（4）戴上"红色思考帽"，从经验、直觉上对已经过滤的问题进行分析、筛选，作出决定。

在思考过程中，还应随时运用"蓝色思考帽"对思考的顺序进行调整和控制，甚至有时还要刹车。

四、奥斯本检核表法

所谓奥斯本检核表法是指根据需要研究对象的特点列出有关问题，形成检核表，然后一个一个地来核对讨论，从而发掘出解决问题的大量设想。

（一）奥斯本检核表法的定义

亚历克斯·奥斯本是美国创新技法和创新过程之父。1941 年出版《思考的方法》，提出了世界上第一个创新发明技法——"智力激励法"。1941 年出版世界上的第一部创新学专著《创造性想象》，提出了奥斯本检核表法。

奥斯本检核表法是针对某种特定要求制定的检核表，主要用于新产品的研制开发。奥斯本检核表法引导主体在创造过程中对照 9 个方面的问题进行思考，以便启迪思路、开拓思维想象的空间，促进人们产生新设想、新方案。

奥斯本检核表法主要面对 9 个大问题：有无其他用途、能否借用、能否改变、能否扩大、能否缩小、能否代用、能否重新调整、能否颠倒和能否组合。

奥斯本检核表法是一种产生创意的方法。在众多的创造技法中，这种方法是一种效果比较理想的技法。由于它突出的效果，被誉为创造之母。人们运用这种方法，产生了很多杰出的创意，以及大量的发明创造。

（二）奥斯本检核表法的优势

奥斯本检核表法是一种具有较强启发创新思维的方法。这是因为它强制人去思考，有利于突破一些人不愿提问题或不善于提问题的心理障碍。提问，尤其是提出有创见的新问题本身就是一种创新。它又是一种多向发散的思考，使人的思维角度、思维目标更丰富。另外，核检思考提供了创新活动最基本的思路，可以使创新者尽快集中精力，朝提示的目标方向去构想、创造和创新。

奥斯本检核表法有利于提高发现创新的成功率。创新发明的最大敌人是思维的惰性，大部分人的思维总是自觉或不自觉地沿着长期形成的思维模式来看待事物，对问题不敏感，即使看出了事物的缺陷和毛病，也懒得去进一步思索。因为检核表法的设计特点之一是多向思维，用多条提示引导人去发散思考。奥斯本检核表法中有 9 个问题，就好像有 9 个人从 9 个角度进行思考，可以把 9 个思考点都试一试，也可以从中挑选一两条集中精力深思。

利用奥斯本检核表法，可以产生大量的原始思路和原始创意，它对人们的发散思维有很大的启发作用。当然，运用此方法时还要注意几个问题。首先，它要和具体的知识经验相结合。奥斯本只是揭示了思考的一般角度和思路，思路的发展还要依赖人们的具体思考；其次，还要结合改进对象（方案或产品）来进行思考；最后，运用此方法时还可以自行设计大量的问题来提问。提出的问题越新颖，得到的主意越有创意。

（三）奥斯本检核表法的过程

奥斯本检核表法的核心是改进，就是通过变化来改进。其基本做法是首先选定一个要改进的产品或方案；其次，面对一个需要改进的产品或方案，或者面对一个问题，从不同角度提出一系列的问题，并由此产生大量的思路；最后，根据第二步提出的思路，进行筛选和进一步思考、完善。

1. 实施步骤

（1）根据创新对象明确需要解决的问题。

（2）根据需要解决的问题，参照表中列出的问题，运用丰富想象力，强制性地一个个核对讨论，写出新设想。

（3）对新设想进行筛选，将最有价值和创新性的设想筛选出来。

2. 注意事项

（1）要联系实际一条一条地进行核检，不要有遗漏。

（2）要多检核几遍，效果会更好，或许会更准确地选择出所需创新、发明的方面。

（3）在检核每项内容时，要尽可能地发挥自己的想象力和联想力，产生更多的创造性设想。进行检索思考时，可以将每一大类问题作为一种单独的创新方法来运用。

（4）检核方式可根据需要，1 人检核也可以，3～8 人共同检核也可以。集体检核可以互相激励，产生头脑风暴，更有希望创新。

（四）奥斯本检核表法内容

奥斯本的检核表法属于横向思维，以直观、直接的方式激发思维活动，操作十分方便，效果也相当好。下述 9 组问题对于任何领域创造性地解决问题都是适用的，这 75 个问题不是奥斯本凭空想象的，而是他在研究和总结大量近、现代科学发现、发明、创造事例的基础上归纳出来的。

（1）现有的东西（如发明、材料、方法等）有无其他用途？保持原状不变能否扩大用途？稍加改变，有无别的用途？人们从事创造活动时，往往沿这样两条途径：一种是当某个目标确定后，沿着从目标到方法的途径，根据目标找出达到目标的方法；另一种则与此相反，首先发现一种事实，然后想象这一事实能起什么作用，即从方法入手将思维引向目标。后一种方法是人们最常用的，而且随着科学技术的发展，这种方法将越来越广泛地得到应用。

某个东西，"还能有其他什么用途？""还能用其他什么方法使用它？"这能使我们的想象活跃起来。当我们拥有某种材料时，为扩大它的用途，打开它的市场，就必须善于进行这种思考。德国有人想出了 300 种利用花生的实用方法，仅仅用于烹调，他就想出了 100 多种方法。橡胶有什么用处？有家公司提出了成千上万种设想，如用它制成床毯、浴盆、人行道边饰、衣夹、鸟笼、门扶手、棺材、墓碑等。炉渣有什么用处？废料有什么用处？边角料有什么用处？……当人们将自己的想象投入这条广阔的"高速公路"上时，就会以丰富的想象力产生出更多的好设想。

（2）能否从别处得到启发？能否借用别处的经验或发明？外界有无相似的想法，能否借鉴？过去有无类似的东西，有什么东西可供模仿？谁的东西可供模仿？现有的发明能否引入其他的创造性设想之中？

当伦琴发现"X 光"时，并没有预见到这种射线的任何用途，因而当他发现这项发现具有广泛用途时，他感到吃惊。通过联想借鉴，现在人们不仅已用"X 光"来治疗疾病，外科医生还用它来观察人体的内部情况。同样，电灯在开始时只用来照明，后来，改进了光线的波长，发明了紫外线灯、红外线加热灯、灭菌灯等。科学技术的重大进步不仅表现在某些科学技术难题的突破上，也表现在科学技术成果的推广应用上。一种新产品、新工艺、新材料，必将随着它越来越多的新应用而彰显其生命力。

（3）现有的东西是否可以作某些改变？改变一下会怎么样？可否改变一下形状、颜色、音响、味道？是否可改变一下意义、型号、模具、运动形式？……改变之后，效果又将如何？如汽车，有时改变一下车身的颜色，就会增加汽车的美感，从而增加销售量。又如面包，给它裹上一层芳香的包装，就能提高嗅觉诱感力。据说，妇女用的游泳衣是婴儿衣服的模仿品，而滚柱轴承改成滚珠轴承就是改变形状的结果。

（4）放大、扩大。现有的东西能否扩大使用范围？能不能增加一些东西？能否添加部件，拉长时间，增加长度，提高强度，延长使用寿命，提高价值，加快转速？……

在自我发问的技巧中，研究"再多些"与"再少些"这类有关联的成分，能给想象提供大量的构思设想。使用加法和乘法，便可能使人们扩大探索的领域。

（5）缩小、省略。缩小一些怎么样？现在的东西能否缩小体积，减轻重量，降低高度，压缩、变薄？能否省略，能否进一步细分？……

前面一条沿着"借助于扩大""借助于增加"而通往新设想的渠道，这一条则是沿留"借助于缩小""借助于省略或分解"的途径来寻找新设想。袖珍式收音机、微型计算机、折叠伞等就是缩小的产物。没有内胎的轮胎，尽可能删去细节的漫画，就是省略的结果。

（6）能否代用。可否由别的东西代替，由别人代替？用别的材料、零件代替，用别的方法、工艺代替，用别的能源代替？可否选取其他地点？

例如，用充氩的办法来代替电灯泡中的真空，使钨丝灯泡提高亮度。通过取代、替换的途径也可以为想象提供广阔的探索领域。

（7）从调换的角度思考问题。能否更换一下先后顺序？可否调换元件、部件？是否可用其他型号？可否改成另一种安排方式？原因与结果能否对换位置？能否变换一下日程？更换一下，会怎么样？

重新安排通常会带来很多的创造性设想。飞机诞生的初期，螺旋桨安排在头部，后来，将它装到了顶部，成了直升飞机，喷气式飞机则把它安放在尾部，这说明通过重新安排可以产生种种创造性设想。商店柜台的重新安排，营业时间的合理调整，电视节目的顺序安排，机器设备的布局调整……都有可能导致更好的结果。

（8）从相反方向思考问题，通过对比也能成为萌发想象的宝贵源泉，可以启发人的思路。倒过来会怎么样？上下是否可以倒过来？左右、前后是否可以对换位置？里外可否倒换？正反是否可以倒换？可否用否定代替肯定？……

这是一种反向思维的方法，它在创造活动中是一种颇为常见和有用的思维方法。第一次世界大战期间，有人就曾运用这种"颠倒"的设想建造舰船，建造速度也有了显著的加快。

（9）从综合的角度分析问题。组合起来怎么样？能否装配成一个系统？能否把目的进行组合？能否将各种想法进行综合？能否把各种部件进行组合？

例如，把铅笔和橡皮组合在一起成为带橡皮的铅笔，把几种部件组合在一起变成组合机床，把几种金属组合在一起变成种种性能不同的合金，把几件材料组合在一起制成复合材料，把几个企业组合在一起构成横向联合……

五、综摄法

综摄法是美国麻省理工学院戈登（William Gordon）教授提出的一种典型的创意构思方法。它以已知事物为媒介，将毫无关联且不同的知识和要素结合起来，以打开"未知世界门扉"，激起人们的创造欲，使潜在的创造力得以发挥，产生众多创造性设想。

（一）综摄法的基本规则

为了摆脱旧框架的束缚，开阔思路，综摄法认为在创造性思考时，要有一段时间暂时抛开原来想要解决的问题，通过类比探索得到启发。因此，它是一个"变熟悉为陌生"和"变陌生为熟悉"的创造性思考过程。

规则一：变熟悉为陌生。简单来说是指对某些早已熟悉的事物，从新的角度或运用新知识进行观察和研究，从而摆脱陈旧固定看法的桎梏，产生创造性想法，即将熟悉的事物化成陌生的事物看待。

规则二：变陌生为熟悉。是指把看不习惯的事物当成早已习惯的熟悉事物。要求我们在碰到一个完全陌生的事物或问题时，运用全部经验、知识（熟悉的）对其进行分析、比较，并根据这些结果，再思考用什么方法才能达到目的。

（二）综摄法的实施

1. 与会人员的确定

组成人员的要求：具备经常运用、熟练掌握类比思维方法的能力；年龄最好在 25～40 岁；有互相帮助的品格，有积极配合的团队意识，有一定的抽象概括能力，对组织以及组织目标忠诚。

会议规模及要求：5～8 人，其中包含主持人 1 名，与讨论问题相关的专家 1 名，各科学领域的专业人士 3～6 名，这是这种方法所要求的基本组合。

（1）主持人

主持人的选择对方法的实施十分重要。

主持人素质的要求：有相当丰富的技巧和策略，要让成员的能力都能得到充分的发挥；在专家受到组员的意见顿悟，显示出要进行积极思考时，主持人还应把握好时机向专家交代清楚问题。

主持中的要求：不介入有关内容的讨论，仅指导过程的展开和进展；不操纵小组，不霸占全场，不介入小组成员间的竞争，努力成为倾听者，能充分调动成员的积极性，使其保持旺盛的精力。对主持人要求很高，通常需要经过专门的培训。

（2）专家

小组中至少要有 1 名专家，且必须是所讨论问题方面的专家。专家的任务：讨论并说明问题，让组员了解问题的背景以及现状等关键因素。然后，他与主持人一起对应该达到的目标进行研究，同时广泛听取其他组员的意见。在目标确定后，他从组员提出的设想中提取具有启示性的要素，激发自己的创意。专家在组员的帮助下提出创意。

运用综摄法提方案是为了解决实际的问题，因此，要求专家具有一定能力或权威，能让小组集思广益得到的方案付诸实施，这样才能让成员有满足感、成就感。同时，在过程中，专家还应该明确自己的期望目标是什么。

（3）其他成员

其他成员的知识背景最好和会议主题没有太大的关系。可邀请社会学、心理学、人类学、市场学等方面的专家，以及熟悉物理、化学、生物、通信或电子等技术的人，从而摆脱思维惯性。

这样组成成员的目的各自运用不同的专业知识提想法，又可以互相激发创造性思维。如果成员中有几位思路开阔、善于提出奇妙想法的成员，那就更好了。

要求：成员间应互相鼓励、彼此支持，可以在适当的时候给予赞美，这将极大提升小组的工作成效。

2. 应用操作步骤

综摄法是一个流程化的方法，其操作步骤如图 2-3-2 所示。

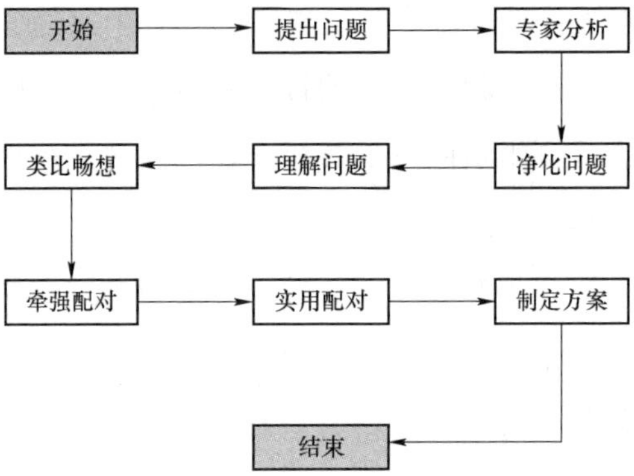

图 2-3-2　综摄法操作步骤

（1）提出问题。提出待解决的问题，可由小组成员提出；也可来自外界，通过主持人宣读。

（2）专家分析。对问题简短分析：主持人提出问题后，专家先对该问题进行解释和概要分析。由于组员不是该问题的专家，故无须详细说明。

（3）净化问题。首先，小组成员逐一发表想法，提交专家进行评价。其次，专家进行评判，此时专家会尽力对引出的观点作出判断和评论，通常他会解释为什么有些方法从他的角度看是不合适的，存在哪些问题。最后，专家记录。专家将十分新颖且具有启发性的观点全部记录，并做好标记。这一步的目的是用来进一步厘清问题，同时消除前两步所隐含的僵化、肤浅的解决办法。

（4）理解问题。从选择问题的某一部分入手，每一个参与者都要（尽可能利用类比法中所包含的多种思维形式）描述他所感知到的问题，写下一种或多种见解，或者以期望性、理想化的语言对问题进行再定义。主持人鼓励组员畅所欲言并记录其观点，然后选择一位成员与专家再进行详细分析。

（5）类比畅想。这一步可以被视作一次远离问题的"假日"，是综摄法的关键所在。该步使用类比来获得解决问题方案。

首先，主持人提出一些需要或激发类比性答案的问题。

其次，小组成员用直接类比、因果类比、幻想类比等类比法进行创造性思考，提出许多具体的类比想法。

最后，主持人从众多具体的类比想法中选择一种来进行详细分析或阐释。此时选择哪一种类比是关键。比较典型的做法是，主持人依据与问题的相关性作出选择，小组成员对使用的类比方法的熟悉程度和兴趣，以及与此相关的知识储备来进行遴选，要求主持人要熟悉组员的知识背景。

（6）牵强配对。这一步通常有两种做法：一种做法是把类比畅想（第五步）与被理解的问题（第四步）牵强地进行配对。在这种情况下，通常会激发产生极具创造性的想法。另一种做法是把两种元素牵强地联系在一起，同时尽其所能幻想，将两者联系起来。

无论采取哪种做法，小组成员都需要围绕问题与类比展开讨论和研究，直到发现解决问题的新途径。

（7）实用配对。在此阶段，要有效结合解决问题的目标，对之前开发出的类比案例进行深入研究，从类比的例子中彻底找出更明确、详尽的启示。例如，浙江一家机械厂为贵州一家食品厂安装蛋卷机，轧出的蛋卷容易碎裂，几经调试后，问题还是没能得到解决，并且发现机器本身没有什么毛病。后来发现贵州比南方要干燥很多。进而，又想到丝绸厂在车间里喷洒水汽，以保持一定湿度。类比，在生产蛋卷的车间里也喷洒一些水汽来保持湿度，最后取得了成功。由此可见，这位技术人员在丝绸厂的断丝情况和食品厂的蛋卷碎裂情况之间找到了因果类比关系，创造性地解决了问题。

（8）制定方案。使用综摄法要最终形成对问题的新观点和解决方法。为了制定完整的解决方案，充分发挥专家的作用，把创意构思转化为对问题的解决方案。

（三）综摄法的适用范围

（1）适用于要寻求创新，或想得到创造性方案的情况。

（2）适用于产品开发，且创新收效较大。

（3）适用于社会领域。如美国产业界和学术界的成员们就曾经利用这种方法研究"怎样分配政府预算"的问题。

总之，综摄法作为一种创意构思方法，在新产品开发、现有产品改进设计、广告创意以及社会问题解决等方面都得到了广泛的应用。

六、组合创新法

所谓组合创新法，是指按照一定的技术原理，通过将两个或多个功能元素合并，从而形成的一种具有新功能的新产品新工艺新材料的创新方法。组合创新法具有以下几个特点。

（1）将多个特征组合在一起。

（2）组合在一起的特征相互支持、相互补充。

（3）组合后要产生新方法或达到新效果，有一定的飞跃。

（4）利用现成的技术成果，不需要建立高深的理论基础和开发专门的高级技术。

七、移植创新法

所谓移植创新法，是指将某一领域中已有的原理技术方法、结构功能等移植应用到另一领域而产生新事物、新观念、新创意的构思方法。移植创新法应用的必要条件有以下几个。

（1）用常规方法难以找到理想的设计方案或解题设想，或者利用本专业领域的技术知识根本就无法找到出路。

（2）其他领域存在解决相似或相近问题的方式方法。

（3）对移植结果能否保证系统整体的新颖性、先进性和实用性做估计或肯定性判断。

移植创新法具有五种类型，如表 2-3-1 所示。

表 2-3-1　移植创新法的五种类型

原理性移植	把某一领域的原理移植到另一不同的领域，从而产生新设想的方法
方法性移植	把某领域的技术方法有意识地移植到另一领域而形成创造的方法
功能性移植	把某种技术所具有的独特技术功能，应用到其他领域，促进功能扩展的方法
结构性移植	把某领域的独特结构移植到另一领域而形成具有新结构的事物
材料性移植	通过材料的转换达到改变性能、节约材料、降低成本的目的，带来新的功能和使用值

第三章

创业准备与启动

大学生在创新创业时，应该如何进行创业准备与创业启动呢？本章将从创业环境分析与创业项目选择、商业机会识别、选择合适的市场以及新创企业的法律形式这四个方面来进行详细的阐述。

第一节　创业环境分析与创业项目选择

一、创业环境

大学生创业的成败受多项因素的制约。创业者自身的素质固然非常重要，然而，创业者所处的社会环境和当时的社会条件往往对创业者个人事业的成败产生重要的影响。

创业环境分析是发现创业机会的基础，是进行创业可行性分析的前提。随时变化的环境能给各行各业带来机遇，也能给各行各业造成威胁。创业者必须清楚宏观的、微观的、行业的等各种环境因素及其发展趋势对具体行业、企业的影响是限制的还是促进的，只有这样，创业者才能抓住机遇，避免严重威胁，成功创业。

（一）创业的宏观环境

创业的宏观环境就是创业的时代背景。创业宏观环境主要包括以下几个条件。

1. 知识科技条件

在科技知识迅猛发展的今天，知识和科技的更新换代非常频繁，新的科研成果不断涌现，同时，新的科技成果生命周期也明显缩短，比任何时候都更易"老化"。市场机会随之不断出现，但往往也转瞬即逝。在这种环境下，仅仅依靠政府和大企业是无法把科研成果充分地转化为现实产品或服务的。大学生可以利用科研成果将其转化为现实生产力的机会进行创业。

2. 社会心理条件

社会的文化心理是影响大学生创业的主要因素，良好的社会文化心理成为大学生创业的动力和资源，反之则会成为创业的阻碍。在美国，超过 90% 的人认为创业是一项令人尊重的工作，成功的创业者会得到相当高的评价，这不仅营造了有利于创业的文化心理氛围，而且给予了创业者莫大的精神支持。从传统文化上讲，我国的社会文化心理是不主张创业的，两千多年的农耕文化，重农抑商，创业者有时甚至被视为不务正业；不过，改革开放以来，随着我国市场经济的发展及与国际经济的接轨，人们的创新意识和能力逐渐得到重视，加上社会舆论对创业者的宣传与支持，各种形式的创业活动不断涌现。大学生作为新时代的弄潮儿，在当前国家支持、鼓励创业的大好社会文化心理条件下，必将拥有更多施展自身创业才能的机会。

3. 社会经济条件

社会经济条件是创业环境条件的重要组成部分，因为社会经济发展的好坏决定了人们创业的条件和机会。迅速发展的经济不仅需要人们创业、呼唤着人们创业，而且，它也为创业者创造了前所未有的机遇与一个大舞台。

知识经济为大学生提供了巨大的创业舞台。知识经济时代最重大、最根本的变化无疑是资金让位于知识，知识成为最宝贵的资源、最重要的资本，这无疑向一切富有知识与智慧的人提供了前所未有的机遇。例如，随着高科技的发展，大量的新兴行业不断涌现，这为受过良好教育并具有相当专业知识的人才提供了无穷的机会。当代许多创业明星就是在网络技术和服务领域创业成功的。随着知识更新速度的加快，"继续教育"成为人们的终身行为，文化教育、信息传播也成为一个大有前途的创业领域。

第三产业成为我国一个极具魅力的投资领域。从总体上看，我国第三产业仍比较落后，特别是一些新兴第三产业还远远跟不上时代的步伐。随着我国市场经济的进一步发展，第三产业可以为创业者提供许多大显身手的舞台；而且，第三产业投资少、见效快，十分适合普通大众创业。

4. 法律政策条件

法律政策是创业者创业得以顺利进行的必要保证。目前，我国的《公司法》《个人独资企业法》《合伙企业法》等法律和一系列相关的政策已经出台并生效，公司、个人独资企业和合伙企业这三种最常见的企业形式法律主体地位已经得到确立，创业企业的门槛已经大大降低，为大学生创业提供了最基本的法律保障，营造了宽松的政策环境。

另外，我国各地大学生创业园相继建立，大学生创办的企业进入园区可享受一系列的优惠政策：从资金筹措到工商税务，从成果鉴定到市场管理，从场地租金到人才服务等，一系列优惠政策为大学生创业提供了宽广的舞台。

（二）创业的微观环境

创业的微观环境是指创业的具体操作环境。这一环境和创业活动有着直接联系，关系到创业活动的成败。创业的微观环境包括以下几个方面。

1. 区域经济

区域经济情况是创业活动必须考虑的方面，因为创业活动所提供的服务要在区域经济的环境下展开。如果区域经济好，服务的受众群体就大，盈利的可能性就大；反之亦然。所以，区域经济情况应是创业微观环境中首要考虑的问题。

2. 消费层次

消费层次也是创业活动必须考虑的问题。一个地区人口的消费层次直接决定了所提供的服务是否有广阔的市场。这里的消费层次不仅仅指价格上的消费水平，也指消费趋向和消费心理等诸多与消费有关的因素。

3. 治安状况

初入社会的大学生，在创业之初，尤其是致力于服务业的，应当调查当地的治安状况，因为它对创业活动来说是非常重要的；如果创业所在区域的治安比较差的话，很容易受到不法分子的骚扰，影响创业活动的正常进行。

4. 竞争对手

竞争对手是创业必须考虑的一个环境因素，所谓竞争对手，是指提供相同或相近服务项目的其他单位。由于市场基本上是固定的，多一个竞争对手，就多一个瓜分"蛋糕"的人。因此，在创业环境中，应充分考虑竞争对手的因素，明确竞争对手的实力、业务范围以及可能对创业造成的影响等。

二、创业项目选择原则

在为数众多的创业者中，因选准项目而占尽先机、步步为营，最后事业有成者大有人在；因急于创业而仓促选项，导致功败垂成、一无所获者也不乏其例。选择决定成败，所以在创业项目的选择中，创业者一定要慎重。

由此看来，创业成功与否，项目的选择显得举足轻重。但由于自身资源的缺乏，大学生创业初期往往需要吸引外部投资作为创业启动的资金支持，而能否吸引投资或者吸引资金的多少以及最终能否取得创业成功，很大程度上取决于创业项目的选择，所以创业者在项目的选择上一定要科学合理、细致全面、小心谨慎。具体而言，选择创业项目应遵循以下原则：

（一）知己知彼原则

所谓知己，就是创业者在选择项目之前，应该首先对自己的状况有一个清楚的认识和判断。例如自己可以提供多少创业资金，有哪些从业经验和技能专长，自己的兴趣和爱好是什么，社会关系状况如何，自己在性格上有哪些优势和弱点，家庭成员是否支持等。从创业者本人的角度看，"知己"越深入，越详尽，就越容易找到扬长避短并适合自己的项目，越能提高创业成功率。

所谓知彼，就是要了解创业所在地的社会经济环境。要认真分析当地的发展政策，包括产业结构政策、金融政策、税收政策、就业政策等；了解当地的消费环境，例如居民的购买力水平、购买力投向、购买习惯等；了解当地的自然和人文资源，包括具有市场开发价值的工业原料和农林渔牧产品、传统的生产加工技术、独特的自然和人文景观等；了解当地市场的竞争强度，包括拟选择项目所在行业的竞争者数量、规模、实力水平等。深入考察创业环境能够帮助创业者开阔视野，敏锐地捕捉市场机会，增强项目选择的合理性。

（二）自有资源优先原则

创业者在审视了创业环境之后，应该从中甄选出可以利用和开发的资源。甄选应贯彻自有资源优先原则。所谓自有资源，就是创业者本人拥有的或自己可以直接控制的资源，包括专有技术、行业从业经验、经营管理能力、个人社会关系、私有物质资产等。

相对于其他非自有资源，自有资源的取得和使用成本往往较低；同时这些资源在利用过程中也容易使项目获得标新立异的优势，在将来的市场竞争中占据主动地位。我国许多老字号品牌如"北京烤鸭""山西老陈醋"等能够历经百年而长盛不衰，与这些品牌商家在最初创业时开发并有效利用自己的专有技术有密切关系。创业者选择项目要充分考虑项目的资源状况，尽量选择有独特资源优势的创业项目。如果能够慧眼独具，发掘自身特有的资源进行项目开发，往往更容易获得成功。例如，一些农学专业大学生农村创业大有作为，计算机专业大学生 IT 创业如火如荼……创业要从自身实际出发，不能为追求所谓的创业热点而盲目投资，这样可以避免决策失误而功败垂成。

（三）市场第一原则

市场经济社会里包括企业在内的一切经济活动都要围绕市场进行，创业不但要乘"需"而入，还要尽量做到"经久不衰"。产品的市场支持力、市场容量及自身接受能力对创业者来讲都是至关重要的，所以创业者要通过市场调查和预测考察所选项目目标群体的现实消费和潜在消费状况，以及自己是否可以顺利进入市场等，进而选择那些具有广阔市场前景的项目。

（四）短平快原则

创业者在创业之前普遍缺乏资金、客户等资源，因此为尽快脱离创业"初始危险期"，使项目的运用进入良性循环，就要遵循短平快原则。一方面可以迅速收回投资，降低投资风险；另一方面，即便项目后期成长性不好，创业者也可以选择维持经营或后期主动退出，利用挖掘到的"第一桶金"另寻出路。实践中，不少成功创业者目前经营的产业与当初创业时的选择大相径庭就说明了这一点。

（五）因时而动、顺势而为原则

时势造英雄。英雄总是离不开他所处时代的历史背景，所谓"因时而动"，即如果一个创业项目符合国家的产业导向，它成功的机会将会大大提高；反之，则很容易中途夭折。我国目前一个明显的特点是国家政策具有很强的推动性。

产业政策往往影响一个产业的发展格局，国家和地方都出台了不少鼓励创业的产业政策。例如国家为了大力扶持高科技产业、文化产业，在政策和经济上给予了诸多优惠政策。如果顺势而为，选择一个符合国家产业导向的项目，创业成功的概率将大大提高。

（六）以新取胜原则

老子曾说："我有三宝，一曰慈，二曰俭，三曰不敢为天下先。"[①]此语深蕴中庸之道，内化为很多人的处世哲学。但就创业而言，创业者是很需要一些敢为天下先的勇气的，因为创业本身就是一项创新活动，而市场又要创业者能够抢占先机，出奇制胜。我们很难想象，一个陈旧俗套、立意平平的创业项目如何能够获得投资者的青睐或者在激烈的市场竞争中站稳脚跟。

项目的选择是一个非常复杂的系统工程，不可能一蹴而就，以上内容只是一些最基本的原则。其实要做好项目的选择还需要许多技术性工作，如在预选一个项目后所要进行的市场调查、市场预测以及项目评估。因为市场拥有最大的话语权，项目最终能否成功还取决于市场空间大小，市场对项目产品的需求才是创业能否成功的根本。

三、适合大学生的创业模式

美国戴尔电脑公司总裁麦克·戴尔曾说："创业没有准则。"[②]那么就创业而言，也没有哪一种固定的模式可以保证我们一劳永逸地接近成功。生活有多种可能，成功也并非只有一种途径，邯郸学步、东施效颦从来都只能成为笑柄；创业者只有避免盲从，根据自身的实际情况选择适当的创业模式，才有可能取得成功。下面列出几种可行的创业模式，供大学生创业者参考。

---

① （春秋）老子. 道德经［M］. 北京：北京联合出版公司，2017.
② 聂强，凌成树，张紫军等. 就业与创业指导　第2版［M］. 北京：北京理工大学出版社，2012.

（一）互联网创业——网中自有黄金屋

互联网创业不同于传统的创业模式，它不需要雄厚的资金支持，也未必需要丰富的创业经验，而是凭借一种对互联网的由衷热爱、一套扎实的专业技术就可利用现成的网络资源创造一个神奇的创业神话。

互联网创业模式主要有以下优点：门槛低、成本少、风险低，方式灵活，特别适合初涉商海的创业者。像易趣、淘宝、阿里巴巴等知名商务网站，拥有较为完善的交易系统、交易规则、支付方式和成熟稳定的客户群。加盟这些网站，可谓近水楼台。此外，网络创业，还得到了政府的重视和支持，在政策和服务上给予诸多的优惠和帮助。对初次尝试网络创业的大学生而言，互联网创业事先要进行多方调研，选择既适合自己产品特点又具有较高访问量的电子商务平台。相比较来说，网上加盟的方式可能更适合大学生，这样能在较少的投入下启动创业。边熟悉游戏规则，边依托成熟的电子商务平台发展壮大。

（二）加盟创业——站在巨人的肩上

牛顿曾有句名言："我能看得更远一些，那是因为我站在巨人的肩膀上。"对于大学生创业者而言，也不妨尝试种"站在巨人肩膀上"的创业模式，即加盟创业。加盟创业以其分享品牌、分享经营、分享资源等诸多优势，逐渐成为备受青睐的创业新方式。目前，连锁加盟有直营、委托加盟、特许加盟等形式，投资金额根据商品种类、店铺要求、技术设备的不同从 6 000 元至 250 万元不等，可满足不同需求的创业者。

加盟创业的最大特点是利益共享，风险共担。创业者只需支付一定的加盟费，就能借用加盟商的品牌优势，利用现成的商品和市场资源，并能长期得到专业指导和配套服务，分享总部提供的支持、培训、管理、广告、促销等，而不必摸着石头过河，从而大大降低了创业风险。

对初次尝试加盟创业的大学生而言，加盟创业要经过以下步骤：选准行业；找对品牌；查看直营店业绩；查看是否具有完善的加盟机制；查看是否具有健全的培训体系；对总部与加盟店进行实地考察；对合同文本仔细阅读；提升创业能力。

同时，初次创业的大学生选择加盟创业务必慎重，小心提防加盟陷阱。

（1）投身的行业"钱景"不佳。如果这个"行业"或这种"店"的产品，是民生必须而非一时流行并且处在成长阶段，意味着目前的竞争尚不激烈，未来整个市场的成长空间很大，越早投入获利的空间就越大，赚钱的概率也就越高。

（2）加盟总部的经营管理经验和知识不足。管理经验是创业者从加盟总部获得的重要资源之一，而许多连锁加盟总部的管理者并不具备经营管理的经验和知识，只是因为开了几家生意很好的店，遇到别人加盟开分店的要求，便草率地成立一个加盟总部，这种类型的总部以餐饮业最多。

连锁加盟总部需要具备的管理知识很多，包括商品的开发与管理，商圈的经营、行销与广告宣传活动，人员的招募与管理，财务的规划与运作。而有些总部甚至没有开设直营店，不具备店务的经营管理知识，也就不能协助加盟创业者很好地长期经营店铺。

如果，加盟店选址较好，依靠大量的客流也可以维持较好的生意，但如果开店的地点比较普通，销售的商品过气而导致生意下滑，那么店务的经营管理马上就会出现问题。

（3）加盟总部过于强势，合约对加盟者限制较多。一般而言，比较强势的加盟总部，能在管理模式、财务结构和行销活动等方面给予加盟者实质的帮助。但俗话说"店大欺客"，其实不只"欺客"，有时实力强大的加盟总部还会以一种强势的姿态对待加盟店，对后者动辄刁难、罚款，甚至以解约相威胁。

此外，许多强势的总部在加盟合约上的限制条款很多，而且单方面突出对总部有利的内容，淡化加盟店的权益，甚至在合约上会出现一些违法条文。大多数的创业者，尤其是大学生，由于经验与时间不足，无法深入了解合约上的陷阱与不公平，再加上心中急于想要创业，往往匆匆签约而着了对方的"道儿"。所以大学生创业者需要在签约前多走访几家加盟店拜访请教，了解总部在签约之后的服务和总部人员的心态，存不存在刁难、欺诈加盟店主的情况。例如，国内有些规模较大的便利店系统，总部人员非常强势，刁难加盟店并威胁解约的事情时有发生，法院经常会接到加盟店主的控告申诉。

（4）加盟总部的财务结构不健全。从某种程度上说，财务结构是一家企业的生命线，直接决定了企业的生死存亡，大学生创业者选择加盟总部时，要尽可能了解其财务状况。总部的财务结构是否健全，很难在外表上一览无余。一种最简单的测试方式就是：看加盟签约时应支付给总部的履约保证金是要求现金还是商业本票或者不动产抵押。

一般来说，刚成立不久的加盟总部由于财力单薄，资金的压力大，所以往往要求加盟店提供的履约保证金为现金。这样就有可能出现由于总部财务结构不健全，导致公司资金周转困难而倒闭，总部该提供的后勤支持责任无法继续完成，而加盟店主的保证金也拿不回来的问题。所以除了在同行业间调查了解之外，加盟创业者最好选择以不动产抵押方式提供履约保证的加盟企业，尽量避免现金流失。

此外，加盟者还应注意加盟总部是不是有对加盟店的收款期限缩短、对供货厂商的付款期限延长、拖欠或者已经开票支付的货款要求换票的情形。如果出现以上情况，除了说明总部的商品采购管理机制存在问题外，更大的可能也许就是总部无法正常支付货款而使得厂商停止供货，这时加盟者务必提高警惕。

（5）加盟总部缺乏"应变能力"。一般而言，门市经营行业的店面风格要针对主力商品的消费模式来设计，但市场是不断变化的，商品也有固定的生命周期，所以门市的装潢与格调也要能够随时根据这些变化作出相应的调整。如果加盟总部不具备这种商品开发的应变能力，那么当现有的商品组合走到衰退期，不能迎合消费者新的需求变化时，不能跟上竞争者的调整步伐，加盟门市的生存能力就会大打折扣。

以目前颇为流行的咖啡店为例，消费者的年龄结构有下降的趋势，而且商品的变化也呈现出从原来以传统口味咖啡为主，到意式咖啡、花式咖啡以及花果茶口味饮品不断增加的趋势。所以咖啡店主欲提高营业额，除了要在商品结构上进行调整之外，咖啡店的装潢格调也要变得更年轻，更新潮，色泽由以往的深暗色系转向较为明亮的色系。如果创业加盟者所选择的总部对外在环境变化的敏锐度、应变力过低，这个品牌的集客能力就会大大下降，营业额和销售利润也会迅速减少。

（6）加盟总部设计的盈利计算方式存在缺陷。一些加盟总部常常为了简化计算公式，或者让加盟者获得一种诱人的高额获利假象，并未将实际营运时所需的开办费用、租赁押金、营运周转金列入公式中计算，从而使得加盟者低估资金投资总额。

因此，加盟者需要注意的是：正确的经营观念必须将收入低估，费用高估，准备预留 3～6 个月的营运周转资金，并将这些都列入计划的资金流量计算当中。且在与加盟总部洽谈时，加盟者务必要将这些一定存在的费用核查清楚，才不会在实际经营时发生资金不足的困难。

（7）加盟体系的发展速度过快。生活中我们常常可以看到这样一种现象，有些加盟总部因为一炮走红而广受欢迎，于是开始不断攻城略地，加盟店数量剧增，规模扩大，一派形势大好的局面。

因此加盟创业者定要注意，当自己所投身的连锁总部一旦出现这种现象，这就预示着企业很可能即将遭遇上述陷阱使总部财务结构不健全，最终的结果很可能是原先精心构筑的貌似金碧辉煌的事业大厦因不堪重负而轰然倒塌。

（8）加盟大品牌一定可以赚钱。俗话说"背靠大树好乘凉"，于是一些创业者认为：加盟大品牌就一定能赚钱。因为如此可以通过特许经营借助品牌优势减少广告宣传开支，分享总部经营经验，定期获得总部支持等。这让一些没有相关行业经营背景的加盟者尝到甜头的同时，也让另一些人产生了错觉。只要有特许商的支持，任何领域都可以大胆涉足。于是我们可以看到，有些人尽管对餐饮业一窍不通，但眼见别人加盟大品牌后获利颇丰，便飞蛾扑火一般投身其中，结果自然不尽如人意。其实当前特许经营行业多种多样，涉及各行各业。如果投资者想要加盟特许经营企业，首先要对市场有一定的了解，前期要对整个市场需求进行初步的调查。其次，要从自身的资金状况出发，挑选适合自己的加盟项目。最后还要尽可能选择自己熟悉、适合自己的行业和领域。唯有如此，创业成功的梦想才可期待。

（9）低成本、高回报指日可待。现实生活中，我们经常可以看到一些诸如"2 万元开快餐店，轻松当老板""零费用加盟，一年回收成本"等夸大特许经营的广告宣传。在这些诱人广告的狂轰滥炸之下，有些人便以为特许经营市场进入门槛低，无需太多的资金投入，就能轻易获得高额回报。

其实这种宣传手段根本不符合特许经营的特点，因为在特许经营过程中，不论品牌大小，任何特许者都不能保证加盟者加盟后能够成功盈利，更不用说高额回报了。加盟者加盟的是一个品牌，一个特许经营体系，并非一加盟就胜券在握、高枕无忧了。现实中就有很多不规范的特许者以特许经营为幌子，承诺短期回收成本，变相高价推销产品，甚至非法敛财。因此，在决定选择特许经营模式之前，加盟者要对这种模式以及特许者有充分的认识与了解，以免被那些不切实际的虚假广告所蒙蔽。

（10）加盟"成功"模式能够轻易复制，邯郸学步、东施效颦尽管为人诟病已久，但现实生活中仍然不乏重蹈覆辙者。例如，一旦某个加盟店获得成功，便有大批投资者蜂拥而至，纷纷效仿，虽然偶尔也有幸运者脱颖而出，而大部分追随者却都折戟沉沙，败走麦城。因为一些加盟者认为依靠成熟品牌特许就能坐收渔利，但他们没有考虑到，对于经营者来说，在获取利益的同时必须承担相应的风险，而简易的模仿很少能够创造奇迹。

说到底经营还得依靠自己，虽然很多特许经营品牌的商业模式是现成的，品牌大小也可能对经营有一定的作用，但市场最终还是要靠自己摸爬滚打。探索出适合自己的经营模式，所谓"因地制宜"，也就是这个意思。

言以蔽之，加盟创业虽然广受欢迎但也绝非轻易做到一本万利。总的来说，这种创业模式应注意以下三点。

第一，选择行业门槛低但回报高的行业，例如房产中介等。

第二，选择新兴产品，一旦竞争产品增多，营业额下降时，应立即转向。

第三，整体投资不宜过大，尽量寻找利润高、投入少的小产品加盟，没有经验的人切忌盲目加盟大的连锁项目。

（三）兼职创业——鱼和熊掌或可兼得

孟子曾告诉我们说："鱼，我所欲也，熊掌，亦我所欲也，二者不可得兼，舍鱼而取熊掌者也。"[①]但就创业而言，可以尝试这种鱼与熊掌兼得的方式——兼职创业。

大学生兼职创业可分为两个阶段：一是大学期间通过兼职，获得创业经验甚至创业资金；二是工作后利用工作外的空余时间兼职创业。

对于大学生来说，兼职创业的优势在于无须放弃学业，就能充分利用在工作中积累的商业资源和人际关系创业，实现鱼和熊掌兼得的梦想，而且不必面对背水一战、进退维谷的窘境，大大减少了创业风险。但兼职创业需要在几条战线上同时作战，对创业者的精力、体力、能力、耐力都是极大的考验，因此要量力而行。此外，兼职创业者最好选择自己熟悉的领域，分清事业发展的主

---

① 杨伯峻，杨逢彬. 孟子 [M]. 长沙：岳麓书社，2021.

次，在重点做好本职工作，不损害所在单位利益的前提下开展创业活动。

（四）团队创业——众人划桨开大船

美国硅谷流传着这样一条"规则"：由两个 MBA 和 MIT 博士组成的创业团队，几乎就是获得风险投资的保证。虽然这种说法有些夸大其词，却揭示了这样一种事实：创业已告别个人英雄主义时代，团队创业渐入佳境。一个由研发、技术、市场、融资等各方面组成优势互补的创业团队，更有可能获得创业的成功。

团队创业因其具有将资本、人力化零为整的优势，使一些有着相似经历、背景的创业者们因为某种吸引而聚集在团队创业的大旗之下，由退役军人、大学校友、下岗工人组成的创业团队迅速壮大。

需要注意的是，这一模式在组建创业团队时，最重要的是要考虑成员在知识、资源、能力或技术等方面的互补性，充分发挥各人的知识和经验优势，这种互补将有助于强化团队成员间的相互协作。一般来说，团队成员的知识、能力结构越合理，团队创业成功的概率就越大。

（五）概念创业——从点子中挖掘金矿

"一沙一世界，一叶一菩提"的哲理早已为人所熟知，但是如果有人说一个点子就可以成就一项事业，可以相信吗？

比尔·盖茨在总结自己的成功经验时曾说："是什么使微软从小人物一跃而起呢？我们拥有当时巨人没想到的点子，我们总是在思考，曾经遗漏过什么可以使我们保持胜利的东西。"[1] 美国视算科技公司董事长艾德·麦克青的感触如出一辙："我觉得我真正擅长的是当我有了一个点子，然后和一个真正的创业家一起去做，在形成小团队后，愈做愈大，一路发展下去"[2] 这种凭借创意、点子或想法创业的方式催生了一种新的创业模式概念创业。

对具有强烈的创新意识而又缺乏资源的创业者来说，概念创业无疑是一条实现梦想的重要捷径。但需要注意的是，创业需要创意，然而创意绝不等同于创业，概念创业要求必须标新立异，但这些超常规的想法还必须具有可操作性，

---

① 比尔·盖茨之路（连载五）——微软经营模式 [J]. 经济工作导刊，2000（10）：46-48.
② 庹进平，朱建国，王明勇. 大学生创业指导 [M]. 北京：新华出版社，2009.

天方夜谭从来不可能变为现实。此外，创业还需要在创意的基础上，融合技术、资金、人才、市场经验、管理等各种因素，如果仅凭着点子盲目行动，创业成功无异于痴人说梦。

一个点子固然能够成就一项事业，但要实现概念创业的成功，把脑中概念变为财富金矿，还要经过以下三个步骤。

1. 科学分析

当产生了创业灵感之后，创业者应对创业点子进行冷静而细致的分析，了解自己创业是否独具匠心，是否具有广阔的市场需求，是否具有可操作性，在推行过程中有无防止"克隆"的保护措施等，在此基础上选择最有发展前途并且风险相对较小的创业方案。

2. 多方咨询

很多时候，我们总是在别人的目光里认识自己，因为很多时候我们总是"当局者迷"。所以创业者除了要对自己的创业灵感自我审视之外，最好在行动前多听听各方面的意见和建议，如成功的创业者、风险投资家、创业咨询机构等。他们提供的宝贵经验和专业指导，不仅能起到拨云见日的作用，还可以避免个人意见导致的片面性。

3. 积极行动

创业不等于幻想，创业是实干家的实践活动而非空想家的思维过程，因此概念创业最终还是要落实在积极行动上。一个新颖别致而又切实可行的创业想法只有落实在一些具体的实践活动中才有获得成功的可能性，其中技术、资金、人才、市场经验、管理方法等各种资源的获得必不可少。

（六）内部创业——员工到老板的轻松起跳

所谓内部创业，就是由一些有创业意向的企业员工发起，在企业的支持下承担企业内部某些业务内容或工作项目，进行创业并与企业分享成果的创业模式。作为一种激励方式，内部创业不仅可以满足员工的创业欲望，同时能激发企业内部活力，改善内部分配机制，成为员工和企业双赢的一种管理制度。

但是内部创业的受惠面比较有限，一般只有大型企业的优秀员工才有机会一试身手。此外，这是一种以创造"双赢"为目的的创业方式，创业者要做好周密的前期准备，选择合理的创业项目，保证最大化的利润回报，才能引起企业高层的关注与支持。同时，要想获得创业成功，也需要创业者和企业两方面共同努力。

四、创业逻辑与创业思维

研究和学习创业，不一定要去创办企业，但一定要理解创业的逻辑，要保持旺盛的创业精神，把创业精神和技能运用到自己的工作实践中，进而形成自己的创业思维。

（一）效果逻辑与因果逻辑

萨阿斯·萨阿斯娃斯（Saras Sarasvathy）教授目前在弗吉尼亚大学达顿商学院任教，她于1998年获得博士学位，其导师是1978年诺贝尔经济学奖得主赫伯特·西蒙教授。

萨阿斯娃斯是创业认知研究领域的杰出学者，提出用于解释新企业和新市场创造的效果逻辑（effectuation）理论，吸引了众多创业学者的兴趣。选取了销售额从2亿美元到65亿美元不等的一些企业，针对27位创始人开展了实验研究，主要研究发现如下。

成功创业者从手段驱动而不是目标导向的行动起步。成功创业者并不是一开始就有一个明确的愿景或产品创意，而是思考自己是谁、知道些什么，然后联系潜在利益相关人群体，寻找合作机会。随着新的资源组合被发掘和设计出来，愿景可能会形成，但推动发展的并不是愿景，而是手段、机会和利益相关人。

成功创业者在评估机会时，考虑的是"可承受损失"，而不是预期收益。既然未来从本质上说不可预测，创业者就不会花时间去预测未来或计算预期值，创业者将潜在损失降低到自己可以接受的程度，即便没有那么成功，他们的损失相对那些凭借猜测潜在收益而进行大胆投资的创业者来说也要小得多。这种基于可承受损失的反复实验为获取宝贵的新资源组合创造了机会，也铺就了前行之路。

成功创业者会设法利用意外而不是回避意外。这些创业者承认未来是不可预测的，最终的道路是未知的。因此，他们会保持灵活性，利用突发事件重新审视手段和目标。每遇到一个无法预料的事件，他们都会自问：这个意外是否开启了新的机会？即使面对的是负面意外，他们的热情也绝不会因此而熄灭。

成功创业者会召集一些愿意加入自己的人。他们会建立大量合作关系，常常把最初的客户变成合作伙伴，把最初的供应商变成投资者，把最初的投资者变成客户、员工，或任何其他身份。最终，他们会缝制一条由投资者、客户、供应商和员工等利益相关者拼成的"百衲被"，他们共同作出承诺，携手共创事业并营造相应的环境。

效果逻辑理论由此诞生，相对应的是因果逻辑理论。因果逻辑也称为预测逻辑，因为它强调必须依靠精确的预测和清晰的目标；效果逻辑也称非预测逻辑，极度依靠利益相关人并且是手段导向的。

绝大部分的教科书和媒体都建议人们采用因果逻辑开展创业，首先要开展市场研究和竞争分析，找到目标细分市场；然后制定营销战略、计算边际成本/价格并制定财务规划；最终撰写商业计划、整合资源、组建团队并搭建新企业。而效果逻辑支持的做法则是：首先从你是谁、你知道什么以及你认识谁起步，尽可能利用少量资源开始做可以做的事情；然后要与大量潜在利益相关人进行交互并谈判实际的投入，并根据实际投入重塑创业的具体目标；重复上述过程，直到利益相关人和资源投入链条收敛到了一个可行的新创企业。

因果逻辑和效果逻辑都要求创业者理解基本的商业技能，如合理的会计实践、企业运营环境的合法性问题以及财务和人员管理的日常机制。同时，两者还都要求创业团队按照新创企业作出的承诺有效地执行。然而，两种逻辑中的主要驱动力是不同的。

（二）精益思想与创业逻辑

精益创业目前受到大量创业者的推崇，这个概念是由精益生产演变过来的，而后者是丰田公司的大野耐一创造并且实践得来，在现代制造业有着难以撼动的地位。精益本身的含义就是要去粗取精，除了冗杂的、陈旧的、传统的东西，改为市场操作过程中以顾客为导向产生的真正需求为指标重新安排生产过程，从而以较少的投入产生巨大的收益。

精益的核心思想是杜绝浪费。借鉴精益生产的思想，精益创业的核心思想就是以最低的成本制作最简可行产品（Minimum viable product，MVP），从每次实验的结果中学习，快速迭代，在资源耗尽之前从迷雾中找到通往成功的道路。

精益创业的方法论，非常像实验室里做实验的方法。

第一步：确定待验证的假设。所谓待验证的假设，就是那些认为理所当然的、一厢情愿的需求。不要自欺欺人，要把这些不确定的主观臆断全部罗列出来，按照优先性有针对地去解决。

第二步：制作 MVP 用最低的成本制作一个用于检验假设的产品，可以是经过开发的产品原型，也可以是一段故事描述。只要是能够让待测的用户能够感受到这个产品所能带来的价值就可以。

第三步：确定衡量指标，检验假设。分析哪些客观指标可以标志之前规划的需求确实存在于用户内心之中。召集目标用户，向他们展示 MVP，测量衡量指标，用以验证之前的假设。

第四步：坚持或者转型。根据收集到的结果，决定是坚持原有的规划，还是转变方向。精益创业所引申出的创业逻辑如下：

（1）创业者必须承认在创业初期只有一系列未经检验的假设，也就是一些不错的"猜测"。一定要总结其假设，而不是花几个月来做计划和研究，并写出一份完备的商业计划书。

（2）创业者必须积极走出办公室测试他们的假设，即所谓的客户开发。要邀请潜在的使用者、购买者和合作伙伴提供反馈，这些反馈应涉及各个方面的假设，包括产品功能、定价、分销渠道以及可行的客户获取战略。关键在于敏捷性和速度，新创企业要快速生产出最简化且可实行的产品，并立即获取客户的反馈，然后根据消费者的反馈对假设进行改进。创业者要不断重复这个循环，对重新设计的产品进行测试，并进一步作出迭代，或者对行不通的想法进行转型。

（3）创业者要采取敏捷开发的方式。敏捷开发最早源于软件行业，是一种以用户为本、强调迭代、循序渐进的产品开发模式。传统的开发方式是假设消费者面临的问题和需求，周期常常在一年以上。敏捷开发则完全不同，通过迭代和渐进的方式，预先避开无关紧要的功能，杜绝了浪费资源和时间。

（三）创业思维

所谓创业思维，是指如何利用不确定的环境，创造商机的思考方式。效果逻辑和精益创业衍生出的创业思维是一种行动导向的方法，体现了实用主义的哲学思想，对于创业者具有重要指导作用。

1. 利用手头资源快速行动

创业并非起始于对机会的识别和发现，或者预先设定目标，而是首先分析你是谁（你的身份）、你知道什么（你的知识）以及你知道谁（你的社会网络），即了解自己目前手中拥有的资源有哪些。创业行动应该是手段驱动，而不是目标驱动；创业者应该运用各种已有手段或手头资源来创造新企业，而不是在既定目标下寻找新手段。创业不同于厨师做菜，不能等到所有配料都准备齐了才开干，更像是手里只有三根残弦乐器的弹奏者，可以利用三根残弦弹奏出什么样的音乐呢？

2. 根据可承受损失而不是预期收益采取行动

创业者必须首先确定自己可以承受的损失以及愿意承担的损失有多大，然后才投入相应的资源，而不是根据创业项目的预期回报来投入资源。毕竟任何的预期收益都是不确定的，但失败后可能造成的最大损失是确定的。在采取每一步行动之前，创业者都应该只付出自己能够承担并且愿意负担的投入。在考虑投入时，应该综合权衡各种成本，包括金钱、时间、职业和个人声誉、心理成本和机会成本等。

3. 小步快走，多次尝试

果敢的大步行动可能会获得很大的好处。不过，除非第一步就迈对了，否则就不会得到这个好处。第一次就迈对步子的概率微乎其微，因为一个想法或计划的成功率和投入的资源数量无关，所以小步行动通常是有道理的。因为如果能够小步行动，就可以有机会多次采取行动，而较大的步伐将提高我们碰上无法预测事件的概率。通常如果尝试某种新方法后成功了，很快就会被称为这个方法的专家，其实今天我们之所以说一些创业者是个天才，真正的原因其实就是他在第一次行动失败后又尝试了一次，而在第二次尝试成功了。所以，成功的关键驱动因素是不断尝试。

4. 在行动中不断吸引更多的人加入进来

寻找愿意为创业项目实际投入资源的利益相关者，通过谈判、磋商来缔结创业联盟，建立一个自我选定的利益相关者网络，而不是把精力花在机会成本分析上，更不要做大量竞争分析。联盟的构成决定创业目标，随着联盟网络的扩大，创业目标也会不断发生变化。

5. 把行动中的意外事件看成好事

西方有一句谚语"如果生活给了你柠檬，就把它榨为柠檬汁。"这实际上是要求创业者以积极的心态主动接纳和巧妙利用各种意外事件和偶发事件，它们在创业途中无法避免，不应消极规避或应付。在创业过程中，创业者采取的行动很可能不会带来期望的结果，这时需要友好对待，否则将会错失某些重要的东西。很多时候，意外同时也意味着新的机会。当然，意外也可能意味着问题。如果可能解决这个问题，解决方案会变成资产。假如这个问题会永久存在并且无法排除，那么它将成为采取下一步行动的已知事实基础。

6. 把激情当成行动的动力

如果不断尝试，却总是遭遇挫折，长期下来，我们可能就会彷徨，不知道自己究竟要尝试多少次、犯错多少次才会成功。所以，我们需要一个强大的动机来度过这些磨难，即激情。研究早已证实，"激情是驱动创造力的关键要素"。如果驱动动力是诸如激情等内在动机，而非外部因素，那么产生创造性成功的概率就会比较高。激情也是驱散不确定性的另一个关键。激情和我们追求成功时的心态有关，也就是实际执行各种想法时的心态。一个人对创业想法的激情可能是衡量这个想法潜力的最佳标准，它让我们了解一个人有多大意愿为了成功而坚持到底。

创业者应该树立什么样的思维方式或者说什么样的思维方式有助于创业成功？当然不存在唯一的答案，可以从创业活动的特点和本质分析。创业的本质是创新，敢于挑战、逆向思考等创新性的思维就会变得重要；创业要应对不确定性，执着与灵活性并重就很有必要；创业要借助资源整合应对资源高度约束，合作共赢、欲取先予、取舍有度就成为决策的依据。

如何培养和强化创业思维，锻炼创造性思考（creative thinking）、批判性思考（critical thinking）、系统性思考（systematic thinking）方式很重要。创造性思考强调把看似无关的事物联系起来，容易产生新的发现。关于批判性思考，李开复这样解释，多问怎么做，不要只学知识，要知道如何实践应用；多问为什么，突破死背知识，理解"为什么是这样"之后才认为学会了；多问为什么不这样；试着去反驳任何一个想法；多和别人交流讨论，理解不同的思维和观点。把创新性思维与经济管理等相关知识结合起来，有助于提升创业能力。当然，创业能力的真正提升还需实践。

五、创业项目的选择

（一）一般型创业项目

1. 商业性项目

大学生创业有优势，也有局限性。大学生思维活跃，充满活力，喜欢接受新鲜事物，学校的学习使毕业生具备了一定的专业知识，但由于没有进入社会，商业意识、社会经验、企业管理、财务及营销等方面都比较欠缺，因此毕业生在创业方向的选择上应扬长避短，寻找适合自己发展的道路。一般来说，适合大学生创业的商业性项目有如下几种。

（1）电子商务。现在网络已变得日益普及，它已成了人们生活的另一个舞台。电子商务成本低，不受时间、空间限制，大学生从小就学习和使用计算机，他们可以用自己的知识技能进行网上创业，做电子商务。在这方面大学生不应停留在网上开店、买卖传统商品上，而应该结合自己的特点提供一些网上智力服务，或一些有创意的电子商务，比如，学国际贸易的可以通过网络寻求国际订单，为传统行业提供网络销售，为要走出去的中小企业提供外部信息，建立虚拟办公服务等。

（2）创意小店。大学生年轻有朝气，思维活跃，喜欢时尚的东西，而小店的经营相对简单，对社会经验、管理、营销、财务要求不高，因此，大学生可以发挥自己的特长，开一些有创意的小店。比如创新的蔬果店、甜品店、幼儿绘画坊、成人老年人玩具吧、绣品工艺品店个性家饰、饰品店和美容美发吧等。

（3）加盟连锁。加盟创业的最大特点是利益共享，风险共担。加盟创业以其分享品牌、分享经营、分享资源等诸多优势，而逐渐成为备受青睐的创业新方式。

2. 生产型项目

创业者如果有符合市场需要并具有竞争力的实物产品，也不妨创办一个生产型的企业。不过建立一个生产型的企业可比开一个店铺复杂得多，创业者一定要了解生产型企业的特点。通常来讲，生产型企业自身具备以下三个特点。

（1）岗位数量多，人员庞大。生产型企业至少要包括以下岗位：生产岗位、辅助岗位、管理岗位、销售岗位、后勤岗位等，一个生产型企业至少需要几十名员工。

（2）员工整体素质水平低，管理难度大。尤其一线操作工人，学历水平一般集中在初中、高中、技校水平，员工在理解力、接受能力以及一些基本素质方面较为欠缺，管理难度很大。

（3）生产环节专业化程度高。除了人力资源、行政管理、财务工作等职能性岗位具有一定的通用性，属于生产环节的岗位更多表现出专业化的特性。因此，只有在本岗位实际工作过的人员才能够胜任相关任职要求。

在建立生产型企业时，创业者应做到以下几点。

① 为企业建立和完善内部管理体系。对各个岗位都要制定出严密的管理制度。大学生创业者由于缺乏经营生产企业的必要经验，所以最好聘请有经验的人来协助自己管理企业，制定企业的管理章程。

② 精心构造组织结构初创企业，部门不宜过多，设立的每个部门一定是不可缺少的，可有可无的坚决不设，否则会造成人力资源的浪费，并极大地增加了管理难度。

③ 选人一定要精。每个岗位的员工必须完全胜任自己的职责，不能有滥竽充数的人存在，要记住企业多一个人，就会增加一分管理难度。

生产型企业的产品在设计、生产、销售时，应该做到以下几点。

① 供强劲的购买理由。

② 个性化定位。

③ 获得高溢价。

④ 增加通路拓展的底牌。

对于加工型企业来说，最重要的当然还是产品的成本。降低成本最有效的途径就是加强企业的内部管理。这时候创业者就要把精力放在企业的日常生产管理上，而不要轻易将管理权授予任何人。

3. 服务性项目

随着我国市场经济的不断成熟与发展，产业结构发生了巨大的变化，第一、二产业比重逐步缩小，而服务业的比重越来越大。一些毕业生也将创业的目光定在了服务行业上。目前，毕业生从事的服务业主要有以下几种类型。

（1）科技服务。大学生根据自己的兴趣爱好，结合专业，可以取得一些科研成果，但这些科研成果往往难以转化成商品，更无法直接用于创业，而一些企业，特别是一些大中型企业会有许多科技难题，毕业生可以通过老师、学校加强与企业的联系，将企业难题作为科研课题，为企业提供科技服务。如果某项科技服务成果能成为大企业的一个长期的配套产品或服务，将为创业者奠定一个稳定发展的基础。

（2）智力服务。随着社会经济的发展，服务业在我们的生活中地位越来越重要。大学生创业应发扬自己的知识优势，选择一些需要知识和专业的智力服务，如翻译、电脑维修维护、家教培训等，或把软件设计应用到一些传统行业、中小企业、商务及商业连锁领域中。

（3）家政服务。中国的家政市场非常庞大，并且正在快速持续地发展。时下，一些创业者正涉足家政服务或为家政服务提供中介的公司，规模小的只有两三名员工，规模大的也只不过是 10 多名员工。家政市场普遍存在很多问题，如企业规模小，经营不规范，家政服务员整体文化素质偏低，家政服务机构档次不高，缺乏有效的法律规范，家庭用工安全隐患大，家政服务员社会地位低，导致家政服务市场供求关系失衡。一些大学生创业者开始实行"员工制"的模式，使家政公司与当地政府"联姻"，员工由社区推荐，一般的家政服务员每天（或每周几天）到公司"上班"，然后进入居民家中服务。上岗前要经过严格的技能培训。员工由公司付给工资，享受各类保险。

（4）饮食、娱乐服务。饮食、娱乐服务业是我国较早兴起的行业，经过多年的市场竞争，这类行业的门槛越来越高。不过由于这类行业有着巨大的消费人群，每年仍有不少创业者投入这类行业。

（二）创新型创业项目

创新理论的创始人熊彼特认为，所谓创新，就是指"企业家对生产要素的新组合，即建立新的生产方式及资源配置方式"[①]。在熊彼特看来，这种创新可以通过五种途径实现：一是引入一种新的产品或提供一种产品的新数量；二是采用一种新的生产方法；三是开辟一个新的市场；四是获得一种原料或半成品的新的供给来源；五是采用一种新的企业组织形式。

按照熊彼特的创新理论，只有创新成果被商业化并实现了商业价值，才算

---

① 卜美文. 企业家精神、审计质量与公司价值研究［D］. 天津：天津财经大学，2021.

得上是创新。一些并不涉及技术创新，但基于工艺创新而创造出的新产品，或企业组织管理体系创新、市场途径创新，同样属于创新型创业活动。真正的创新型项目的特点应该包括如下方面。

（1）创新不是创"高"。新是老和旧的对应，只要没有出现过的、没有被使用过的就是新的，并不是只有创造出微电子、生物技术、宇宙技术那种改变世界的技术才是创新。

（2）创新并非是要创造前人、古人没有之新。其他地区有，本地区没有的，融会到本地的也可以成为创新。别的行业有，引进到本行业的，也可以称为创新。当然在引进和融会中要注意知识产权问题。

（3）创新型项目还包括形式的创新。市场经济下，产品的包装、造型非常重要。

（4）还有模式的创新。比如营销，新的营销网络的组建、新的促销手段的应用，都算作创新型创业。

（5）重视制度的创新。创新不仅表现在技术、产品上，也涉及产权制度、人事制度、薪酬制度，这种创新也必然能增强企业的竞争力。

第二节　商业机会识别

一、商业机会的内涵及特征

发现、寻找和利用机会是任何一个成功创业者的特征之一，也是成功创办和管理企业的基础。不仅仅是产生想法和识别机会，还要筛选和评估它们，从而把握和利用最有价值的机会。

（一）商业机会的内涵

商业机会是能够满足消费者的需求、并能使投资者收回投资有吸引力的商业想法或主张。然而，一个好的想法未必是一个好的商业机会。企业想法和商业机会之间的区别：一个好的企业想法未必是一个好的商业机会。例如：在新产品中超过80%的都是失败的。

商业机会通常体现为市场上尚未满足和尚未完全满足的有购买力的消费需

要，也称为市场机会。商业机会客观存在于市场过程中，是一种有利于企业发展的机会或偶然事件，是还没有实现的必然性。

（二）商业机会的特征

一个好的商业机会必须是能够实行和实现的，并要符合以下标准。

第一，建立真实的需求。即那些具有购买力和购买欲望的消费者有未被满足的需求。

第二，能够收回投资。即在承担风险和努力工作之后，可以带来回报和收益。

第三，具有竞争力。即消费者认为购买产品或服务比购买其他的产品或服务能够获得更多的价值。

第四，实现目标。满足那些冒险的人和组织的愿望。

第五，有效的资源和技能。也就是说，是在创业者具备的资源、能力、法律必备条件等范围内的。

二、创业机会的识别与捕捉

面对纷繁复杂社会环境，如何识别和捕捉创业机会考验着准备创业的大学生的智慧。机会是一种客观存在，其具体存在方式又有以下特征：第一，机会本身是无形的，以弥散的方式附着在不断发展变化的事物之中，它不会像有形物体那样让人们直接触摸到；第二，机会的出现，一般不是单个事物发展变化的结果，往往是多种因素合力的结果；第三，机会本身不会主动告诉我们它的到来，全靠人们自己去感知、分析和判断。

（一）识别和评估商业机会

1. 行业和市场

（1）市场需求。一个关键的问题就是创业者想法是否有市场。这个市场是由有购买力、乐于并能够购买产品或服务的消费者组成的。因此，满足消费者的需求还要考虑合适的价格、地点和时间。一个好的创业机会，必然具有特定市场定位，专注于满足顾客需求，同时能为顾客带来增值的效果。

（2）市场结构。每一个市场都有一定的市场结构，市场结构主要反映了企业在市场竞争中的地位和企业市场实力的强弱。因此，将要进入的市场具有一个怎样的市场结构，市场竞争是否十分激烈，对于创业者来说具有重要意义。

针对创业机会的市场结构进行分析，包括进入障碍、供货商、顾客、经销商的谈判力量、替代性竞争产品的威胁，以及市场内部竞争的激烈程度。

（3）市场规模。如果一个新创企业进入的是一个规模巨大且在发展中的市场，那么在这个市场上占有一个不大的份额就可以拥有相当大的销售量。如果进入的是一个十分成熟的市场，那么即使市场规模很大，由于已经不再成长，利润空间必然很小，因此这个新企业就不值得再投入。反之，一个正在成长中的市场，通常也会是一个充满商机的市场。所谓水涨船高，只要进入时机正确，必然会有获利的空间。

（4）市场增长率。一个有吸引力的市场应该是既有较大规模而且又不断成长。在这样的市场上，新创企业占有市场增长的很大份额却不会对竞争对手构成很大威胁，而且即使只占有一个小的市场份额，只要能够保持，就意味着有不断增加的销售额。因此，市场增长率与"机会窗"密切相关。

机会经常被称为"窗口"。也就是说，它是真实存在的，但是它不是永远都敞开的。随着时间的推移，市场以不同的速度在增长，市场变得更大，确定市场的难度就更大，因此适时性很重要。后面的问题就是确定窗户打开的时间长度，能否在窗户关闭之前把握并抓住机会。

（5）市场份额。如果一个新创企业在未来能够占有20%的市场份额，表明这个企业的潜力是十分巨大的，因为较高的市场份额将为一家公司创造非常高的价值，否则该公司的价值可能比其账面价值高不了多少。

对于大多数寻求一家具有较高潜力公司的投资者来说，只占有一个市场不到5%份额的企业是没有吸引力的。

（6）成本结构。若初创公司成本低可能面临有吸引力的市场机会。低成本可能来源于行业中存在的规模经济性，对于刚刚创业的企业来说，要在起步阶段就利用规模来实现低成本恐怕是勉为其难的，但低成本也可以来源于技术和管理，这大概是新创企业的希望所在。

2. 资本和获利能力

（1）税后利润。高而持久的毛利通常转化为持久的税后利润。有吸引力的机会具有取得至少 10%～15%的利润，通常为 15%～20%或更高比例的持久利润的潜力。那些产生不到 5%税后利润的企业是十分脆弱的。

（2）盈亏平衡点和正现金流。有吸引力的公司有可能在一年内达到盈亏相抵和取得正现金流量。一旦取得盈亏相抵和正现金流量的时间超过 3 年，吸引力的机会就会相应地减少。

（3）资本需要量。有着较少或者中等程度资本需要量的投资机会是有吸引力的。如果创业需要太多的资金，这样的机会就较为缺乏吸引力。

（4）退出机制。作为风险投资者，通常还要考虑在一定的时候将所投资金抽回，因此，退出机制对于创业机会的评估也具有相当的重要性。资金的退出主要有企业被收购或出售、公开发行股票等各种途径。有吸引力的机会应该能够拥有或者想象一种获利和退出机制，而没有退出机制的机会也就没有太大的吸引力了。

3. 竞争优势

一个能吸引人的机会必须具备某些竞争优势。例如：在市场中与同类产品相比更低的成本或更好的质量。

（1）成本。成本优势是竞争优势的主要来源之一。较低的成本给企业带来较大的竞争优势，因而相应的投资机会较有吸引力。一个新企业如果不能取得和维持一个低成本生产者的地位，它的预期寿命就会大大缩短。

（2）控制程度。初创企业如果能够对价格、成本和销售渠道等实施较强的或强有力的控制，这样的机会应较有吸引力。当所处市场领导者份额小于 20%，初创企业对价格、成本、分销渠道具有中等或较强的控制力，则市场吸引力较大。另外，一个对其产品的原材料来源或者销售渠道拥有独占性控制的新企业，即使它在其他领域较为薄弱，也仍能够取得较大的市场优势。

（3）进入壁垒。进入市场的壁垒问题是指大量的资金投入、保护（例如：专利权）、合同优势（例如：一个市场、一个供应商的专营权利）成为决定投资或不投资的重要因素。换句话说，如果一个企业不能或面对很多进入障碍，那么这个机会几乎就不会吸引人了。

另外，如果不能把其他竞争者阻挡在市场之外，新创企业就可能迅速消失。

4. 管理团队

在大量的资金、高风险、变化多端的市场、激烈的竞争等风险决策中，团队管理是一个重要的衡量尺度。团队在相同或相关行业和市场中，在管理、技术、营销、利润等方面具备一定的能力和相关的经验与否，通常决定了企业的成功或失败。这就说明了风险投资者（为企业提供资金的人）非常强调管理因素，他们经常会说宁愿要一个好的管理团队去经营一个一般的产品或服务，也不想要一个不好的管理团队去经营一个优异的产品或服务。

5. 创业者的个人目标和能力

对于任何投资创业的人，能否愿意承担风险都是一个重要的问题。个人的动机是成功创业者的本质特征。因此，除非个人真的想要创办一个企业，否则他是不愿意承担风险去做的。

一个相关的问题比如潜在的创业者是否具备创业必需的能力（包括知识、技能和特质），如果不具备，是否能够学习并提高这些能力。许多小企业的管理者都是基于他们的能力才创办企业的。将上述问题结合在一起，就变成一个基本的问题，企业所必需的条件和创业者的要求和期望是否一致和相符。这不仅对创业成功与否十分重要，也关系到创业者的幸福和快乐。

6. 资金、技术和其他必需的资源

掌握可用的资金、技术和其他必需的资源将决定是否可以利用某个机会。一般的规则是在某个地区有越难满足的需求，就是越能吸引人的机会，当然肯定会有一个产品或服务的市场。举个例子，仅仅销售一个突破性的专利产品并不会保证能够成功，但是它的确形成了一个强大的竞争优势。

7. 环境

企业的外部环境对于机会的吸引力有着深远的影响。我们谈及的环境不仅仅指的是自然环境（自然环境越来越重要了），而且还包括政治、经济、地理、法律环境。政治的不稳定性，致使很多国家的商业机会不吸引人，特别是需要很高的投资并且投资回收期又很长的商业机会。类似的还有通货膨胀、外汇汇率波动或司法系统不健全都不利于吸引投资，即使回报很高。缺乏可用的基础设施和服务（例如：道路、水电供应、通信、运输、学校和医院）也会影响一个地区的商业机会的吸引力。

想要成为创业者就需要收集信息。如果一些潜在的创业者认为这项工作太难，他们就会安慰自己说市场数据（市场的大小、特征、竞争者等）经常和真正潜在的商业机会背道而驰，不能真实地反映商机。但是换句话说，如果市场数据很容易获得，并且数据很清晰地反映潜在的情况，那么可能将会有很多的创业者进入市场，机会相应地就会减少变小了。也有一些发表的信息来源（也叫作次要信息），包括好多图书馆、商会、投资促进中心、政府部门、大学、外国大使馆、互联网、报纸等。除了上述之外，通过经常与人们交流也是收集信息的来源（也叫初级调查），比如消费者和供应商，你需要设计一个调查的方法和渠道。

8. 致命缺陷

有吸引力的企业不应该有致命的缺陷：一个或更多的致命缺陷使一个机会变得没有吸引力。通常这些缺陷涉及上述种种准则之中的一个或几个。市场太小、市场竞争极其激烈、进入市场的成本太高等都可以是一种致命的缺陷。

每一个准备创业的人都希望尽快找到创业机会，但是茫茫商海，怎么利用呢？哪些是创业机会，哪些不是呢，这就需要大学生创业者利用"火眼金睛"，迅速准确地识别和捕捉创业机会。创业机会识别是创业领域的关键问题之一，从创业过程角度来说，它是创业的起点，创业过程就是围绕着机会进行识别、开发、利用的过程，大学生创业机会的寻找是要做调研，要收集、利用、分析、综合各种信息，了解社会经济的状况、社会各行业的发展情况、消费者的需求和消费流行趋势，发掘市场空白，从而识别创业机会。

（二）大学生识别创业机会的思路

1. 利用自身和学校的优势寻找创业机会

拥有较为丰富的科学文化知识，是当代大学生创业者最大的资本。学校高精尖的研究项目可以为大学生创业者提供技术支持。几乎每个大学都有一批知识渊博、训练有素的教授、学者和教师队伍，他们不仅精通本专业的基础理论和专业知识，具有丰富的教学经验和科学的教学方法，而且承担大量的科研工作，拥有相当数量的科研成果和专利技术。这些研究成果完全可以转化为创业项目，进而为大学生提供创业机会。

学校先进的仪器设备给大学生创业提供了实践条件。实验设备是高校培养大学生实践动手能力的必备之物，有些设备的质量甚至高于社会企业或科研单位的设备质量，它们不仅保证了课堂教学和实验研究，还给大学生提供了进行科学实践的场所。在这里，大学生可以将智慧变为各式各样的发明、专利，为自己创造创业机会。

另外，高校为大学生提供了得天独厚的创业环境。大学生平时在学校学习，不仅可以利用学校现有的资源，还可以接受老师和同学的启发，在学习、工作实习、各种社团活动中寻找创业机会，既增加了一份成功的筹码，也减少了一份创业失败所需要承担的巨大风险。

2. 在分析政策发展中识别创业机会

政策是经济发展的指向标，市场，特别是中国的市场受政策影响非常大，任何一项新政策的出台都足以引发新商机。如果创业者擅长研究和利用政策，就能抓住商机站在潮头。

事实上，从政策中寻找机会并不仅仅表现在政策条文所规定的表面。随着社会分工的不断细化和专业化，政策变化所提供的机会还可以延伸，大学生创业者完全可以从产业链上下游的延伸中寻找商机。在中国创业，大学生就必须关心政治，要懂得运用政治艺术，这样才能成为一个成功的创业者。

3. 在洞察市场变化中识别创业机会

市场瞬息万变，不同类型的市场有不同的特点，不同地区之间的市场差别也非常显著。创业者要寻找创业机会，不能闭门造车，不能躲在屋子里冥思苦想，必须与市场亲密接触，了解市场，熟悉市场，到有市场需求的地方去发现和寻找机会。谁抓住了现实需要，谁开发出适合消费者"口味"的产品，谁推出了消费者欢迎的服务项目，谁就抓住了机遇。

另外，大学生创业者应该在社会市场中抓住市场热点，在市场热点中识别创业机会，茫茫商海，处处机遇。

4. 把握人类社会的发展趋势

发展是一个哲学术语，是指事物由小到大，由简到繁，由低级到高级的运动变化过程。发展的本质是新事物的产生和旧事物的灭亡，即新事物代替旧事物。人类社会是不断发展的，很多事物在今天可能不被人们所接受，但作为一个代表着发展趋势的新生事物，总有一天会代替旧事物，只是这需要一个过程。要把握这种趋势，就需要有超前意识，敢为人先，做"吃螃蟹"的第一人。世界在前进，社会在进步，谁能够把握这种趋势，谁就有可能获得更多的财富。

第三节　选择合适的市场

一、市场细分

所谓市场细分，是指创业者通过市场调查，依据消费者的需求、购买力、购买行为、购买习惯、地区文化等方面的明显差异，把某一产品的整体市场划分为若干个消费群的市场分类过程。简单来说即回答这样一个问题：哪里是我们的目标市场？

市场细分和市场定位是决定新创企业成功运作的真正核心。新创企业所有重要决定和策略都主要取决于市场调查、市场细分与市场定位。市场分析需要经过 3 个主要步骤，如图 3-3-1 所示。

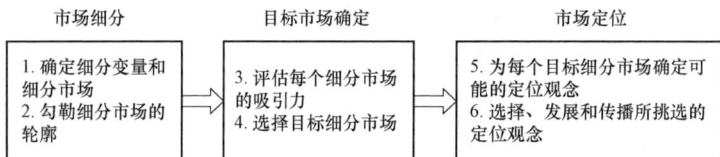

图 3-3-1　市场细分、目标化和定位的步骤

（一）市场细分的意义

企业对市场进行细分的意义在于，市场细分有助于企业深刻地认识市场。市场由消费者组成，而每一个消费者都是集多种特征于一体，每一种特征都可能与一部分消费者相一致，与另一部分消费者不一致。市场细分提供了很好的分析工具，通过按不同标准细分，既清晰地认识了每部分，又了解了部分之间的联系。企业在市场细分的基础上，对市场整体有了既清晰又全面的把握。企业可以详细分析每一个细分市场的需求及其满足情况，寻找适当的市场机会。

市场细分有助于企业发现最佳的市场机会。在市场供给看似已十分丰富，竞争者似乎占领了市场各个角落时，企业利用市场细分就能及时、准确地发现属于自己的市场机会。因为消费者的需求是没有穷尽的，总会存在尚未满足的需求。只要善于市场细分，总能找到市场需求的空隙。有时候，一次独到的市场细分能为企业创造一个崭新的市场。

市场细分有助于企业确定经营方向，开展针对性的营销活动。面对极其广阔的市场。任何企业都不可能囊括所有的需求，而只能满足其中有限的部分。因此，慎重地选择自己所要满足的那部分市场，使企业的优势资源得以发挥是至关重要的。通过市场细分，企业把市场分解开来，仔细分析比较，及时发现竞争动态，避免将生产经营过度集中在某种畅销产品上，从而与竞争者一团混战；又可以将有潜力义符合企业资源范围的理想顾客群作为目标，有的放矢地进行营销活动，集中使用人力、物力和财力，将有限的资源用在刀刃上，从而以最少的经营费用取得最大的经营成果。

（二）市场细分的准则

要做好市场细分，必须满足下列五点准则。

1. 异质性

细分变数必须反映出市场中所存在的异质性，也就是经由细分变数切割后的市场细分，必须具有不同的偏好与需要。如果细分变数不能使营销管理人员掌握到这种所存在的异质性，对于目标营销便没有帮助，也就是无法设计不同的营销战略来针对不同的市场细分。营销管理人员在选择细分变数时，必须选择最能反映市场异质性的细分变数。

2. 足量性

好的市场细分所划分出来的每个细分市场都必须足够大，以保证其能发展和支持某特定的营销组合。也就是说，营销管理人员尽管只是选择其中某一个单一细分，该细分市场也必须要有足量的潜在顾客，才有实现细分的意义。

3. 可衡量性

细分市场必须可以清楚界定并加以区分，且每个细分市场内的规模大小及其购买力也应该可以清楚衡量。

4. 可接近性

营销管理人员运用其营销组合，应该能有效地接触该细分市场和针对所形成的细分市场进行服务。

5. 可回应性

划分而成的细分市场，以公司的资源和能力来看，营销人员应该至少能找到其中一个细分市场进入，否则该细分市场的细分动作将失去意义。

（三）影响市场细分的因素

市场细分对于企业背景具有重要意义，要使之付诸实践，就必须找到适当的、科学的细分依据。就消费市场而言，这些影响因素归纳起来主要包括地理变数、人口统计变数、心理变数及行为变数。影响市场细分的因素如表 3-3-1 所示。

表 3-3-1　影响市场细分的因素

消费者市场			
地理变数	人口统计变数	心理变数	行为变数
气候、人口密度、城市大小、区域、国家	年龄段、性别、收入、民族、家庭生命周期、教育程度、职业	宗教、人格、动机	生活形态、忠诚度、追求的利益、时机、使用率

（四）市场细分的程序

市场细分是市场分析中的重要环节，市场细分是一个过程，通常需要经过下列程序来完成。

第一，选择细分目标。选择一种产品或市场范围以供研究，将要进行细分化的市场与企业相联系。

第二，确定细分变量。市场细分的变量可以是一个，更多的是两个以上的结合，选择的依据通常是营销活动的结果与经验。

第三，进行调查设计。目的是取得与已选细分变量有意义的数据和其他相关资料，当然，调查对象应是相关联的消费者或用户。

第四，设计市场策略。分析与估计通过直面确定各个细分市场的规模和性质，制定营销策略。

二、目标市场

所谓目标市场，是指企业营销活动所要满足的市场，是企业为实现预期目标而要进入的市场。

（一）目标市场评价

一个企业可以从以下三个方面对目标市场作出评价。

1. 目标市场的潜量

首先目标市场应该有足够大的需求潜量，如果某一目标市场的潜量太小，则意味着该市场狭小，没有足够的发展潜力，企业进入后发展前景黯淡；其次，目标市场的规模应恰当，唯有对企业发展有利的潜量规模才是具有吸引力的目标市场。要正确估测和评价一个市场的需求潜量，不可忽视消费者数量和他们的购买力水平这两个因素中的任何一个。

2. 目标市场内的竞争状况

对于某一个目标市场，进入的企业可能会有很多，从而就可能导致市场内的竞争。这种竞争可能来自市场中已有的同类企业，也可能来自即将进入市场的其他企业，企业在市场中可能占据的竞争地位是评估各个目标市场的主要方面之一。很显然，竞争对手实力越雄厚，企业进入的成本和风险就越大。而那些竞争者数量较小、竞争者实力较弱或市场地位不稳固的目标市场则更有吸引力，可能加入新的竞争者，这是企业的潜在对手。它们会增加生产能力并争夺市场份额。根据行业利润的观点，最有吸引力的目标市场是进入壁垒高、退出壁垒低的市场。此外，是否存在具有竞争力的替代品也是评价目标市场的方面之一。替代品的存在会限制目标市场内价格和利润的增长，所以已存在替代品或即将出现替代品的目标市场吸引力会降低。当然，最终企业自身的竞争实力也决定了其对目标市场的选择。竞争实力强，对目标市场选择的自由度就大一些；反之，受到的制约程度就高一些。

3. 目标市场的投资回报水平

企业十分关心目标市场提供的盈利水平。高投资回报率是企业所追求的，必须对目标市场的投资回报能力作出正确的估测和评价。

（二）企业涵盖市场的方式

企业确定目标市场的方式有两种：一种，先进行市场细分，然后选择一至若干个细分市场即子市场作为自己的目标市场；另一种，不搞市场细分，而是以产品的整体市场作为目标市场。如果一种产品的市场是同质市场，无需细分，创业者就以该产品的整体市场作为自己的目标市场，进行市场细分，可采用涵盖市场的方式，即产品—市场矩阵方法进行市场细分，此方法归纳起来主要有5种，如图 3-3-2 所示。

第一，产品市场集中化。即企业的目标市场无论从市场还是从产品角度，都是集中于一个细分市场。这种策略意味着企业只生产一种标准化产品，只供应某一顾客群体。

第二，产品专业化。即企业向各类顾客同时供应某种产品。当然，根据不同的顾客群。产品在档次、质量或款式等方面会有所不同。

第三，市场专业化。这是指企业向同一顾客群供应性能有所区别的同类产品。

第四，选择性专业化。这是指企业决定有选择地进入几个不同的细分市场，为不同的顾客群体提供不同性能的同类产品。采用这种策略应当十分谨慎，必须以这几个细分市场均有相当的吸引力并能实现一定的利润为前提。

第五，全面覆盖，即企业决定全方位进入各个细分市场，为所有顾客群提供他们各自需要的有差异产品。这是大企业为在市场上占据领导地位或力图垄断全部市场时采取的目标市场范围策略。大学生新创企业基本不能采用此方式。

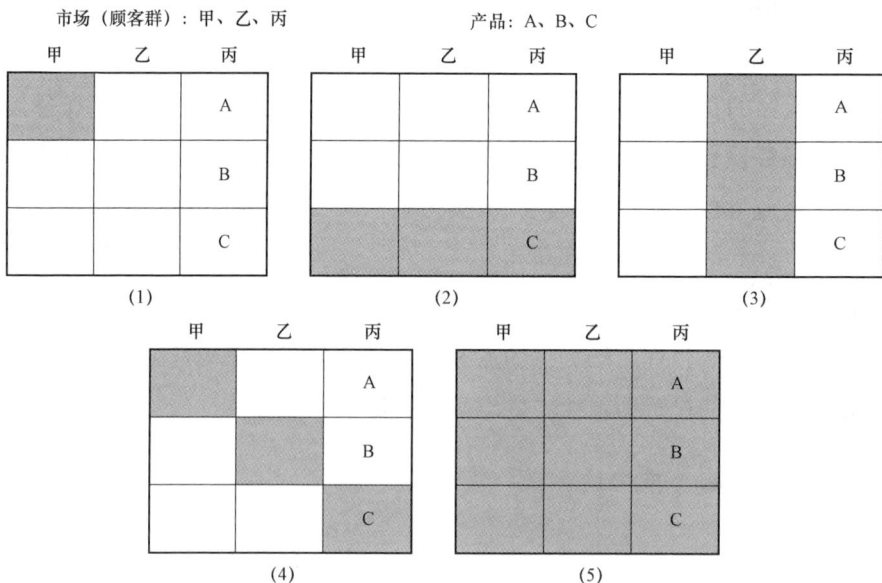

图 3-3-2　产品—市场矩阵图

（三）目标市场选择策略

目标市场选择策略通常包括无差异营销、差异性营销和集中性营销三种。

1. 无差异营销

如果企业面对的市场是同质市场，即使消费者是有差别的，他们的需求也有足够的相似之处可以作为一个同质的目标市场加以对待。在这两种情况下，企业采用的就是无差异营销。该策略的具体内容是：企业把产品的整体市场看作一个大的目标市场，营销活动只考虑消费者或者用户在需求方面的共同点，而不管他们之间是否存在差异。因此企业只推出单一的标准化产品，设计一种营销组合，通过无差异的大力推销，吸引尽可能多的购买者。

2. 差异性营销

采用这种策略的企业把产品的整体市场划分为若干细分市场，从中选择两个以上乃至全部细分市场作为自己的目标市场，并为每个选定的细分市场制定不同的市场营销组合方案，同时多方位或全方位地分别开展针对性的营销活动。

3. 集中性营销

企业不是面向整体市场，也不是把力量分散使用于若干细分市场，而是集中力量进入一个细分市场（或是对该细分市场进一步细分后的几个更小的市场部分），为该市场开发一种理想的产品，实行高度专业化的生产和销售。采用这种策略通常是为了在一个较小或很小的细分市场上取得较高的，甚至是支配地位的市场占有率，而不追求在整体市场或较大的细分市场上占有较小的份额。

上述几种策略各有优点和缺点，企业选择哪种策略，必须从企业的特点和条件出发，并充分考虑以下因素。

（1）产品条件。在选择目标市场策略时，首先要看企业生产经营的是同质产品还是异质产品。对某些产品，所有消费者具有大体相同的需求特征，这些产品尽管有质量上的差别，但消费者并不过分挑选，竞争焦点一般集中在价格上，对这种产品适合采取无差异性目标市场策略，如大米、小麦等。而对服装、化妆品、家用电器等消费者需求差异较大的产品，则适合采取差异性目标市场策略。

（2）产品的生命周期。一般来说，企业的新产品在初次投入市场或处于成长时期时，宜采取无差异性目标市场策略，以探测市场需求和潜在顾客情况，也有利于节约市场的开发费用；当产品进入成熟期时宜采取差异性目标市场策略，以开拓新的市场；当产品进入衰退期时宜考虑采取集中性目标市场策略，以集中力量于少数尚有利可图的目标市场。

（3）市场竞争状况。包括竞争对手是多还是少，是强还是弱，是集中还是分散，如果竞争对手较弱，企业可以考虑采用无差异性目标市场策略。此外，还应尽量避免同竞争对手采取相同的策略，以防止加剧竞争，两败俱伤。

（4）企业资源情况。如果企业资源充足，可以采取差异性目标市场策略或无差异性目标市场策略。如果企业资源有限，就应当考虑采取集中性目标市场策略，以取得在小市场上的优势地位。

三、市场定位

所谓市场定位，是指根据竞争者现有产品在市场上所处的位置，针对消费者或用户对该产品的某种特征或属性的重视程度，强有力地塑造出本企业产品与众不同的、给人印象鲜明的个性或形象，并通过一套特定的营销组合，把这种形象生动地传递给顾客，影响顾客对该产品的总体感觉。简单来说即回答这样一个问题：人们在目标市场中为什么要买我们的产品服务而不是其他竞争者的？换句话说就是与其他竞争者的产品相比，人们认为我们所提供的产品有什么价值？

（一）市场定位的任务

为获得竞争优势而进行的市场定位主要包括以下几个任务：首先要明确企业可以从哪些方面差异化，其次是找到企业产品独特的卖点，开发总体定位战略，即明确产品的价值方案。

1. 寻求差异化

（1）产品差异化。实体产品的差异化可以体现在产品的诸多方面；形式差异，即产品在外观设计、尺寸、形状、结构等方面的新颖别致；特色，即对产品基本功能的某些增补；质量，即产品的主要特点在运用中可分为低、平均、高和超级等不同的水平。

（2）渠道差异化。通过设计分销渠道的覆盖面、建立分销专长和提高效率，企业可以取得渠道差异化优势。

（3）人员差异化。培养训练有素的人员，是一些企业尤其是服务性行业中的企业取得强大竞争优势的关键。

（4）形象差异化。有效的形象差异化需要做到建立产品的特点和价值方案，并通过一种与众不同的途径传递这一特点，借助可以利用的一切手段和品牌接触，传达触动顾客内心感受的信息。

2. 寻求独特的"卖点"

有效的差异化应该能够为产品创造：一个独特的"卖点"，即给消费者一个鲜明的购买理由。有效差异化必须遵循以下几个基本原则。

（1）重要性。该差异化能使目标顾客感受到价值带来的利益。

（2）独特性。该差异化竞争者无法提供，或者企业以一种与众不同的方式提供。

（3）优越性。该差异化明显优于消费者通过其他途径而获得的相似利益。

（4）可传播性。该差异化能被消费者看到、理解并传播。

（5）排他性。竞争者难以模仿该差异化。

（6）可承担性。消费者有能力为该差异化付款。

（7）盈利性。企业将通过该差异化获得利润。

3. 确定价值方案，开发总体定位战略

消费者根据自身的价值判断进行购买决策，因而确定价值方案就成为企业总体定位战略的核心内容。所谓价值方案是指企业定位所依赖的所有利益组合与价格的比较。消费者往往以此作为价值判断的依据。其公式为 $V = B/P$，公式中，V = 价值，B = 总利益，P = 价格。

（二）定位方式

市场定位是一种竞争策略，显示了一种产品或一家企业同类似的产品或企业之间的竞争关系。定位方式不同，竞争态势也不同，下面分析三种主要定位方式。

1. 避强定位

这是指企业力图避免与实力最强或较强的其他企业直接发生竞争，而将自己的产品定位于另一市场区域内，使自己的产品在某些特征或属性方面与最强或较强的对手有比较显著的区别。

2. 迎头定位

这是指企业根据自身的实力，为占据较佳的市场位置不惜与市场上占支配地位、实力最强或较强的竞争对手发生正面竞争，而使自己的产品进入与对手相同的市场位置。

3. 重新定位

这是指对销路少、市场反映差的产品进行二次定位。重新定位旨在摆脱困境，重新获得增长与活力。

企业使用上述基本策略制定某种具体的定位方案时，也可考虑企业自身资源、竞争对手的可能反应、市场需求特征等因素。

第四节　新创企业的法律形式

大学生创业的法律形式，除了个体工商户，主要是企业。个体工商户不是企业的组织形式，申请个体工商户的程序比较简单，包括到工商管理部门办理营业执照、到税务机关办理税务登记证和到卫生部门办理健康证。企业是依法设立的经济组织，按照组织形式不同，可以分为个人独资企业、合伙企业、公司企业。对于初步创业者来说，了解企业的法律形式并选择适合自己的企业形式是创业能否成功的关键。

一、个人独资企业

个人独资企业，是指依法设立，由一个自然人投资，财产为投资者个人所有，企业名称不能使用"有限""有限责任"或"公司"字样，并以其个人全部财产（包括家庭财产）对企业债务承担无限责任的经营实体。

个人独资企业往往规模较小，可从事的行业有工业、交通运输业、建筑业、小型加工业、商业、饮食服务业、修理业、科技咨询以及文化娱乐业等。

（一）个人独资企业的法律特征

个人独资企业的出资人是一个自然人，并且具备权利、能力和行为能力，我国法律、行政法规禁止从事营利性活动的人不能作为独资企业的出资人，如国家公务员等。

个人独资企业在法律上是非法人企业，不具备法人资格，因而又可称为自然人企业。

企业主对企业享有全部权利，企业主个人就代表企业，对企业的财产拥有所有权并可直接控制支配，企业主负责企业的全部生产经营活动，其他人不能干涉企业经营，体现了所有权、控制权、管理权的完全合一。

企业主对企业债务承担无限责任，不仅要以投入企业的财产为企业清偿债务，而且还要以个人的其他财产为企业清偿债务，企业主个人的信用就是企业的信用，风险较大。

（二）个人独资企业的优点

企业设立、转让和解散等行为手续非常简便，仅需向登记机关登记即可；独资经营的制约因素较少，经营方式灵活，能迅速对市场变化作出反应；利润归企业主所有，不需要与其他人分享；在技术和经营方面易于保密，利于保护其在市场中的竞争地位；若企业主因其个人努力而使企业获得成功，则可以满足个人的成就感。

（三）个人独资企业的缺点

当个人独资企业财产不足以清偿债务时，企业主将依法承担无限责任，必须以其个人的其他财产予以清偿，因此经营风险较大；个人独资企业受信用限制，不易从外部获得资本，如果企业主资本有限或者经营能力不强，则企业经营规模难以扩大；如果企业主发生意外事故或者犯罪、转业、破产，则个人独资企业也随之不复存在。

（四）成立个人独资企业应提交的材料

个人独资企业的设立、变更、注销，应当依照《个人独资企业法》和《个人独资企业登记管理办法》的规定，在所在地的工商行政管理部门办理企业登记。个人独资企业经登记机关核准登记，领取营业执照后，方可从事经营活动。大学生登记应提交的材料有以下三个。

第一，大学生本人签署的个人独资企业设立申请书。

第二，大学生身份证明，即大学生本人身份证和学生证。

第三，企业住所证明。大学生创业多以租房为主，如果租房，注册登记时要向工商部门出示租房合同、房主身份证、房主的房产证。

如果新创企业从事（如烟酒经营、书报刊经营等）的业务是我国法律、行政法规规定须报经有关部门审批的，应提交有关部门的批准文件，即"前置审批"，如果委托代理人申请设立登记，应提交大学生投资人的委托书和代理人的身份证明或者资格证明。大学生在选择新创企业的法律形式时，须熟知相关的法律规定，这是取得创业成功的前提。

大学生创业因受资金限制，大多数成立个人独资企业，对于这种企业法律形式，大学生在准备创业时应了解个人独资企业投资人对企业债务的无限责任。同时，在清楚无限责任的基础上，选择创业形式时还要理解个人财产与家庭财产关系，是否为共同财产、是否存在转移或隐匿财产、是否存在担保、债权是否已过除斥期间等。大学生创业本来就存在很多不可预知的风险，熟知《个人独资企业法》和《个人独资企业登记管理办法》对避免创业后期的法律纠纷是非常有帮助的。

（五）个人独资企业的利润分配、风险承担和纳税管理

个人独资企业可以采取两种形式管理企业事务：投资人自行管理企业事务；委托或者聘用其他具有民事行为能力的人管理企业事务。这两种形式获取的利润都由投资人自己拥有。

投资人委托或者聘用其他人管理企业事务的，应当与委托人或者被聘用人签订书面合同，明确委托的具体内容和授予的权利范围及薪酬。受托人或被聘用人应当按照所签订的合同负责管理企业事务。

我国税务机关对个人独资企业会计核算要求不高，税款一般是按照定期定额的方式征收，实际税负也不高。所谓"定期定额"税收方式，就是无论企业营业额多少，都按规定的一个额度征收，此种形式非常适用于个人独资企业。

二、合伙企业

合伙企业是指依法设立的，由两个或两个以上合伙人订立合伙协议，共同出资、合伙经营、共享收益、共担风险，并且对合伙企业债务承担无限连带责任的营利性组织。

合伙企业必须有两个以上具有完全民事行为能力的合伙人，并且都是依法承担无限责任者。我国法律、行政法规禁止从事营利性活动的人（如国家公务员等），不能作为合伙企业的合伙人。

（一）合伙企业法律特征和事务执行

1. 合伙企业法律特征

（1）合伙协议是合伙企业成立的基础。合伙人可以通过协商，在合伙协议中约定各自的权利与义务关系。合伙企业利润分配、亏损承担的比例、货币以外出资的评估作价、合伙决议的表决方法，退伙人的财产退还办法等都可以由合伙人在合伙协议中自行约定，只有在合伙协议没有约定或约定不明的情况下，才使用《合伙企业法》中的规定。

（2）合伙企业不具有法人资格，具有典型的人合性特点。其人合性表现为：合伙人都有平等参与生产经营的权利，合伙企业在进行重大决策时，合伙人意见必须一致；当合伙人需要退出投资时，易受到资金的限制，不能很快退出，不像公司的股票，销售或转让即可；合伙人想增加投资时也需要得到全体合伙人的同意。

（3）合伙人的投资方式多样。合伙企业因不具有法人资格，合伙人要负连带责任，故法律对它并无注册资本的要求。依照《合伙企业法》的规定，合伙人可以用货币、实物、土地使用权、知识产权或者其他财产权出资，经全体合伙人协商一致，合伙人也可以用劳务出资。在现实中，有的合伙人还出现以时间、技术或个人信用作为对企业出资的情况，但在利润、风险承担、经营管理决策上，享受的权利与义务有差别。

（4）合伙企业的合伙人对企业债务承担无限连带责任，合伙企业结束或清理时，合伙企业财产不足以抵偿企业债务，合伙人应以其在合伙企业出资以外的财产清偿企业债务。每一个合伙人对企业的债务都有清偿的义务，企业债权人可以合伙企业财产不足的理由向任何一个合伙人要求偿还债务。

《合伙企业法》对第三人的入伙作出了较为严格的规定。首先，新合伙人入伙时，应当经全体合伙人同意；其次，依法订立书面入伙协议；最后，合伙企业应当在作出接纳新合伙人的决议之前15日内，向企业登记机关办理有关登记手续。

在合伙企业成立之后，合伙企业的财产相对于合伙人的个人财产而言在形式上是独立约，但是该合伙企业对合伙财产不享有独立的权利。合伙人对合伙财产依然享有所有权（共同所有），因此合伙企业财产和其个人财产无法截然区分。在合伙人财产不足以清偿其个人债务的时候，债权人可以请求人民法院执行该合伙人在合伙企业中的财产。

2. 合伙企业的事务执行

小规模的合伙企业共同执行企业事务，规模较大的合伙企业则因合伙人较多难以共同执行企业事务，因此法律许可其经全体合伙人同意可委托少数合伙人执行企业事务，受委托执行合伙事务的合伙人称为执行事务合伙人。执行事务合伙人产生后，其他合伙人不再执行合伙企业事务，但有权监督检查执行合伙事务的情况。执行事务合伙人不得自营或者同他人合作经营与本企业相竞争的业务。执行事务合伙人如有损害合伙企业或全体合伙人利益的行为，其他合伙人有权撤销其委托。

合伙人依法或者按照合伙协议对合伙企业有关事项作出决议时，除法律另有规定或合伙协议另有约定外，一般实行一人一票的表决方法。合伙企业的下列事务须经全体合伙人同意：处分合伙企业的财产、改变合伙企业名称、转让或者处分合伙企业的知识产权和其他财产权利、以合伙企业名义为他人提供担保、向企业登记机关申请办理变更登记手续、聘任合伙人。

《合伙企业法》规定，在下述情况下，经其他合伙人的一致同意，可以将合伙人除名：（1）未履行出资义务；（2）因故意或者重大过失给合伙企业造成损失；（3）执行合伙企业事务时有不正当行为；（4）合伙协议约定的其他事由。

合伙业务执行人是合伙人共同推举出来的业务执行人，其应当依照法律的规定和合伙协议的约定，诚实履行业务。合伙业务执行人不得利用执行业务的便利，为自己或者亲朋谋求不正当利益。如果其行为达到了严重损害其他合伙人利益的程度，则其合伙人有权将其除名。

（二）合伙企业的优点

由于出资人较多，扩大了资本来源和企业信用能力；由于合伙人具有不同的专长和经验，能够发挥团队作用，提高了企业的决策能力和管理水平。

（三）合伙企业的缺点

合伙人承担无限连带责任，使其家庭财产具有经营风险；产权不易流动。合伙人不能自由转让自己所拥有的财产份额，必须经全体合伙人同意，接受转让的人也必须经过所有合伙人的一致同意。

（四）成立合伙企业应提交的材料

依照《合伙企业法》规定，合伙企业的设立、变更、注销，都需要到所在地工商局（所）办理手续。大学生成立合伙企业需要向工商局（所）提交以下材料。

合伙企业设立登记申请表，去工商局（所）领取或在工商局（所）网站下载；合伙人登记表；住所、经营场所证明；全体合伙人和执行合伙企业事务的合伙人名单；合伙企业设立登记审核意见表；合伙企业合伙协议；合伙人身份证复印件；产权证明复印件。

（五）合伙企业的利润分配、风险承担和纳税管理

1. 利润分配

按照《合伙企业法》规定，合伙人可以用货币、实物、土地使用权、知识产权或者其他财产权利出资；上述出资应当是合伙人的合法财产及财产权利。

对货币以外的出资需要评估作价的，可以由全体合伙人协商确定，也可以由全体合伙人委托法定评估机构进行评估。经全体合伙人协商，合伙人也可以用劳务出资，其评估办法由全体合伙人协商确定。

合伙企业的利润和亏损，由合伙人依照合伙协议约定的比例分配和分担，合伙协议并未约定利润分配和亏损分担比例的，由各合伙人平均分配和分担。

2. 风险承担

按《合伙企业法》规定，合伙企业解散后应当进行清算，并通知和公告债权人，清算人由全体合伙人担任；不能由全体合伙人担任清算人的，经全体合伙人过半数同意，可以自合伙企业解散后15日内指定一名或者数名合伙人，或者委托第三人，担任清算人。15日内未确定清算人的，合伙人或者其他利害关系人可以申请人民法院指定清算人。

清算人在清算期间执行下列事务：清理合伙企业财产，分别编制资产负债表和财产清单；处理与清算有关的合伙企业未了结的事务；清缴所欠税款；清理债权债务；处理合伙企业清偿债务后的剩余财产；代表合伙企业参与民事诉讼活动。

合伙企业财产在支付清算费用后，按下列顺序清偿：首先，合伙企业所欠招用的职工流和劳动保险费用；其次，合伙企业所欠税款；再次，合伙企业的债务；最后，返还合伙人的出资。

合伙企业财产按上述顺序清偿后仍有剩余，由合伙人依照合伙协议约定的比例分配；合伙协议未约定利益分配的，由各合伙人平均分配。

合伙企业清算时，其全部财产不足清算其债务的，由合伙人按照合伙协议的比例承担清算责任，合伙协议未完成约定亏损分担比例的，由各合伙人平均分担办法，用其在合伙企业出资以外的财产承担清算责任。合伙人由于承担连带责任，所清偿数额超过其应承担的数额时，有权向其他合伙人追偿。

合伙企业解散后，原合伙人对合伙企业存续期间的债务仍应承担连带责任，但债权人在五年内未向债务人提出偿债要求的，该责任消失。

3. 纳税管理

合伙企业不征收企业所得税，不存在所得税重复征税的问题。合伙企业所得税的征收方式为先分后税，如果投资人多，势必降低个人所得税适用税率。合伙企业的合伙税收负担的高低取决于分得红利的金额大小，金额大，适用的税率就高。

三、公司制企业

公司制企业是按照《中华人民共和国公司法》在中国境内设立的有限责任公司和股份有限公司。有限责任公司的股东以其认缴的出资额为限对公司承担责任，股份有限公司以其认购的股份为限对公司承担责任。股份公司的最低注册资本为 500 万元，且需经省级政府的批准，对于创业大学生来说成立股份有限公司不大可能。因此，主要介绍有限责任公司。

（一）有限责任公司的法律特征

有限责任公司是由股东共同出资设立的法人组织，股东以其全部出资额作为公司全部资产，对公司承担全部责任，股东人数在 50 人之下，一般适合于中小企业。

有限责任公司不能清偿到期债务，就要依法宣布破产。这就从制度上保护了投资者、经营者和债权人的合法权益，在分担风险的同时，加速了资本集中。

有限责任公司实行"资本三原则"，即资本确定原则、资本维持原则和资本不变原则。资本确定原则是指公司在设立时，必须在章程中对公司资本额作出明确规定，并由全部股东认可，否则公司不能登记成立。《中华人民共和国公司法》规定：有限责任公司的注册资本为在工商局登记的全体股东实缴的出资额。资本维持原则是指公司在存续过程中，应经常保持与其资本额相当的财产，以防止资本的实质减少，保护债权人的利益，同时防止股东对盈利分配的过高要求，确保公司业务活动的正常开展。资本不变原则是指公司的资本一经确定，就不得随意改变，如需增减，必须严格按照法规程序进行，资金投入也不能像企业贷款那样到期还本付息，只能通过利润分配形式取得回报。

（二）有限责任公司优点

有限责任公司最低注册资金为 3 万元，注册资金还可以分期付款，两年内分期支付，首付只需 20%；新公司法规定一个股东可以注册为有限公司，一人有限公司的最低注册资本抬高为人民币 10 万元；由于有限责任公司是以出资人的出资额为限承担公司的经营风险，这就促使投资人敢于分散投资，通过优化投资组合取得最佳的投资回报；从公司的角度而言，可以吸引多个投资人，促使资本的有效集中，而且产权主体多元化，必然促使公司形成有效的公司治理结构，促使决策科学化、民主化；有限责任公司由股东选举和更换董事，由董事会聘任或解聘公司经理。公司财产所有权和经营权分离，有利于公司经营稳定，有利于企业扩张。

（三）有限责任公司缺点

双重纳税，即公司盈利要上交企业所得税，当利润作为股息派发给股东后，股东还要上交企业或投资的所得税或个人所得税；由于不能公开发行股票，筹集资金的范围和规模一般不会很大，难以适应大规模的生产经营需要；由于产权不能充分流动，企业的资产运作也受到限制。

（四）有限责任公司的设立条件和登记程序

1. 设立条件

根据《中华人民共和国公司法》（以下简称《公司法》）的规定，设立有限责任公司，应当具备下列条件：股东符合法定人数（150人）、股东出资达到法定资本最低限额、股东共同指定公司章程、有公司名称、建立符合有限责任公司要求的组织机构、有公司住所。上述条件具体如下。

（1）股东条件。《公司法》规定，有限责任公司由50个以下股东出资设立，取消了原有限责任公司股东最少2人的下限，允许设立一人公司。

（2）财产条件

① 最低注册资本限额。《公司法》规定，有限责任公司注册资本的最低限额为人民币3万元。如果一人成立有限责任公司，需要一次性缴足出资额，2人以上成立有限责任公司的注册资本可以分期缴纳。

② 注册资本的首次出资额和期限。《公司法》规定，有限责任公司的注册资本为在工商局登记的全体股东认缴的出资额。公司全体股东的首次出资额不得低于注册资本的20%，也不得低于法定的注册资本最低限额，其余部分由股东自公司成立之日起两年内缴足。其中，投资公司可以在5年内缴足。

③ 缴纳注册资本的出资形式。《公司法》对股东出资的形式作了规定。股东可以用货币出资，也可以用货币估价形式出资，如用实物、知识产权、土地使用权等估价出资，还可以用依法转让的非货币财产作价，作价不得高估或低估。《公司法》还规定，全体股东的货币出资额不得低于有限责任公司注册资本的30%。

④ 注册资本的缴纳方式。股东应当按期足额缴纳公司章程中规定的各自所认缴的出资额。股东出资缴纳方式随出资形式而定，以货币出资的，应当将货币出资足额存入有限责任公司在银行开设的账户；以非货币财产出资的，应当依法办理其财产权的转移手续。该转移手续一般应当在6个月内办理完毕。

（3）组织条件。组织条件包括公司名称、住所、章程以及依法建立的组织机构等。

公司章程是由设立公司的股东共同制定，对公司、股东、董事、监事、高级管理人员具有约束力的调整公司内部关系和经营行为的公司规范性文件。公司章程是一个法定性的文件，是公司设立的必备条件之一，同时是一个体现公司自治规则和自治手段的文件；公司章程是一个公开性的文件。

2. 登记程序

（1）公告。登记主管机关核准登记后，应当发布公司登记公告。公告内容一般包括公司名称、住所、法人代表、公司类型、注册资本、经营范围和经营方式、注册号等。公告后，公司设立程序即为完成。

（2）公司成立后，股东不得抽逃出资。有限责任公司成立后，应当向股东签发出资证明书。出资证明书是确认股东出资的凭证，应当载明下列事项：公司名称、公司成立日期、公司注册资本、股东的姓名或者名称、缴纳的出资额和出资日期、出资证明书的编号和核发日期。出资证明书由公司盖章。

（3）股东名册。有限责任公司应当置备股东名册。股东名册是公司为记载股东情况及其出资事项而设置的簿册，应记载下列事项：股东的姓名或者名称及住所、股东的出资额、出资证明书编号。记载于股东名册的股东，可以依股东名册主张行使股东权利。

（五）有限责任公司的组织机构

公司组织机构是代表公司活动，行使相应职权的权力机关、决策机关、监督机关和执行机关所组成的公司机关。公司组织机构是公司规定的，具有强制性，也是公司得以设立的必要条件。有限责任公司的组织机构包括股东会、董事会、监事会及高级管理人员。

1. 股东会

有限责任公司股东会由全体股东组成，股东会是公司的权力机构。首次股东会由出资最多的股东召集和主持，依法行使职权。以后的股东会，公司设立董事会的，由董事会召集，董事长主持；董事长不能或者不履行职务的，由副董事长主持；副董事长不能或者不履行职务的，由半数以上董事共同推举一名董事主持。公司不设董事会的，股东会由执行董事召集和主持。董事会或者执行董事不能或者不履行召集股东会职责的，由监事会或者不设监事会的公司的监事召集和主持；监事会或者监事不召集和主持的，由代表 1/10 以上表决权的股东可以自行召集和主持。

根据《公司法》的规定，股东会作出修改公司章程、增加或者减少注册资本的决议，以及公司合并、分立、解散或者变更公司形式的决议。必须经代表 2/3 以上表决权的股东通过，这也称之为特别决议。股东会作出的其他决议，要经出席会议代表 1/2 以上表决权的股东通过，这称为普通决议。

2. 董事会

董事会依法由股东选举产生的董事组成，是代表公司并行使经营决策的常设机关。董事会是公司的决策机关。董事任期由公司章程规定，但每届任期不得超过 3 年。董事任期届满，连选可以连任。董事会对股东会负责。

3. 监事会

监事会是由依法产生的监事组织而成，对董事和经理的经营管理行为和公司财务进行监督的常设机构。它代表全体股东对公司经营管理进行监督，行使监督职能，是公司的监督机构。

监事任期每届为 3 年，监事任期届满，连选可以连任。监事会，或不设监事会的监事职能主要是监督企业经营管理活动。

4. 经营管理机关

经营管理机关是指由董事会聘任的，负责公司日常经营管理活动的公司常设业务执行机关，这是指公司的经理，与董事会、监事会不同的是，经理不是以会议形式形成决议的机关，而是以自己最终意志为准的执行机关。

根据《公司法》规定，有限责任公司可以设经理，由董事会决定聘任或者解聘。据此规定，在有限责任公司中，经理不再是必设机构而称为选设机构。公司章程可以规定不设经理，而设总裁、首席执行官等职务，行使公司管理职权。

四、选择适合自己的企业形式

根据我国相关法律的规定，创业者可以选择个人独资企业、合伙企业和公司企业等企业形式。在实际操作过程中，各个创业团队可能由于创业环境、政策扶持、项目选择和资金筹措的不同而出现不同的结果，无论选择什么样的企业法律形式，都要结合自身实际。在选择企业形式时，要了解每种法律形式的法律特征、设立条件、利润分配、风险承担和纳税管理等，考虑筹集资本费用、责任承担、经营连续性、所有权转让、资本吸引力和税收等各种因素，从而减少心理困惑，作出正确选择。

创业企业最常见的法律形式有个人独资企业、合伙企业以及公司企业，组建企业时，应综合比较各种企业法律形式的优缺点，权衡利弊，选择适合自己的法律形式。大学生创业因受资金限制，大多成立个人独资企业或合伙企业，这两种法律形式要求创业者承担无限责任。目前，国家对大学生创业提供优惠政策，准许零资本创立有限责任公司，所以有限责任公司越来越受大学生创业者的欢迎。

第四章

创业风险管理

不管是哪种形式的创新创业，都是存在风险的，因此大学生在进行创新创业的过程当中，还要学会创业风险管理，本章将从大学生创业应注意的问题、大学生创业风险管理、大学生创业风险管理典型成功案例分析、创业全过程风险分析这四个方面进行详细的阐述。

第一节　大学生创业应注意的问题

一、大学生创业过程中的常见问题

大学生在创业过程中经常会遇到一些问题，这些问题解决不及时或无法解决时，常常会令创业者受挫甚至选择放弃。下面，让我们来看看大学生在创业过程中常见的问题。

（一）理想主义，缺乏行动

大学生创业，容易过分依赖技术、设计而忽视商业环境。很多身处象牙塔的大学生时常幻想自己创业成就一番事业，可惜终究未能实现。原因很简单，大部分人对创业都只是空有想法，而毫无实际行动。酒香也怕巷子深，即使技术再先进、设计再完美，如果没有一颗敢闯的心，注定一事无成。每天躺在宿

舍里臆想自己的商业帝国，高喊着"我要创业"，却从来不肯迈出第一步，以各种理由来掩饰自己的胆怯和懒惰，是注定无法成功的。记住，创业不分贵贱，关键是敢于行动！

（二）创业思想不成熟，过于简单化

有些大学生对于创业的认识并不充分，往往只是局限于眼前的创业前景，不注重分析创业的结果是好是坏，只为在创业的过程中锻炼自我、积累经验，创业的意识不明确。很多学生在身边人的鼓动下开始创业，但他们并没有清醒地认识到创业的真正内涵，其创业活动也仅仅是局限于开一个零食店、做外卖承包配送、代取快递等简单重复劳动。这些项目往往没有太多的创新性与技术含量，经受不住市场的考验，也没有发展性可言，不用等学生毕业迈向社会，就已易手他人或中途夭折。

（三）创业资金筹集困难

资金问题是制约大学生创业的一大难题。除了极少数有家庭支持资金的同学外，一般大学生没有相应的经济基础和经济来源，这成了大学生创业面临的最大障碍。同时，大学生在集资方面又欠缺经验，所以常常面临"巧妇难为无米之炊"的尴尬局面。虽然各级政府、高校已经出台了各种优惠政策，如各类科技补贴、大学生创业专项补贴、无息创业贷款、房租物业优惠减免等，但由于高校学生人数众多，往往会出现僧多粥少的局面。

（四）目标不清，盲目创业导致失败

一谈起创业，大学生脑海里容易浮出那些成功人士的影子，想到比尔·盖茨辍学创业、马云创建阿里巴巴等。其实，这都是社会给人的一些假象。每个人创业成功的故事背后都有很多不为人知的经历，而这些经历未必是每个人都可以承受的。大学生常常把自己的创业想得非常简单，认为只要自己有心，就一定可以成功，往往在筹集了一些资金后盲目投入市场中，结果弄得灰头土脸、狼狈不堪。新创业的人，特别是大学生创业者很难找到清晰的目标和最佳平衡点，越是满怀激情，越有可能走向两个极端：一是创业者只关注他们喜欢做的，却没有考虑整个市场大环境，忽视了创业过程中的其他重要部分；二是创业者尝试做所有的事情，扮演他们力所不及的角色，将自己绷得太紧。创业，不仅要看行业的趋势，人脉、资金、团队等也非常重要。因此，大学生创业者只有明确自己的创业目标，并从各方面做好相应准备，才能使创业之路走得既稳又实。

（五）综合能力薄弱，专业知识缺乏，市场实践经验不足

现在的大学生在校园中学习到了很多理论知识，有一定的知识面，但这些毕竟只是校园知识。大学生创业者不了解市场规律和法则，同时又欠缺实际的经营管理经验以及良好的创业心态，在真正处理事务的时候就容易手忙脚乱，不能镇定自如地处理突发情况，有时甚至会因为一时的失误而全盘皆失。

许多大学生虽然在校期间从书本里学到了丰富的管理知识，但他们缺乏实际管理经验以及一些专业的法律和风险投资意识。他们所创办的公司虽然也组建了自己的管理团队，但团队成员在管理方面还是存在缺陷的。一方面，他们社会关系的和谐度不够；另一方面，他们的管理力度不够，在短时间内不能有效利用自己所学的知识。

团队架构不完整，成员分工不清晰，团队内部易出现矛盾。大学生创业团队都是由一些私交较好的朋友或同学组成的，团队架构和成员分工等方面都存在一定缺陷。在大学生创业团队建设初期，成员们能够不计个人利益，换位思考，全身心投入创业工作。

但随着创业期间面临的困难不断增加，再加上市场环境因素以及创业团队成员人际关系的变化，创业团队成员每个人的想法会出现分歧，很难统一思想，凝聚力减弱、效率下降、内部管理混乱这些问题逐渐暴露出来，创业团队进入疲劳期和不和谐期。大学生创业团队的创建往往是在没有经过深思熟虑、周密论证和市场调研的情况下完成的。创业团队没有目标性，缺乏对自身团队实力的明确认识，这就导致创业项目发展缓慢，且无法适应激烈的社会竞争环境。

（六）创业心切，随意选择合作伙伴以致被骗

大学生创业，尤其是在寻找合作伙伴时，由于缺乏经验，容易被善于伪装的骗子迷惑。他们往往租用豪华办公室，让人觉得这家企业很有实力。刚刚踏入社会的大学生创业者难分真假，一旦进行合作，就会掉入陷阱，人财两失。

其实，诈骗者就是利用创业者"等米下锅"又急于求成的心态，先是对其赞不绝口，然后答应其开出的条件，以专业和盈利能力取得信任，让人觉得遇上了"贵人"，最后以各种名义骗钱，待钱款入账后就销声匿迹。也有一些人利用虚假账目骗取他人信任，投资者在资金入股后才发现受骗被套牢。所以，大学生即使创业心切，也要谨慎选择合作伙伴，切忌被歹人利用。

（七）忽视社会大环境和市场的变化与需求，缺乏策略

创业初期，多数大学生都是满腔热情，但他们往往会忽视市场的需求。我们身边不乏这样的案例：几个同学筹集一些钱，凭着自己的兴趣爱好开始创业，几个月内就搞得风风火火。可是，一年、两年过去，当我们再去关注他们的时候，当时的合作伙伴早已分道扬镳。问起原因，大多是因为没有收入来源，空有设计模型、缺少客户和市场，导致创业计划胎死腹中。虽然创业者愿意付出时间、精力，把梦想变为现实，但不幸的是，很多创意，甚至可以说绝大部分的创意都无法成为真正的商机。所以，一些看似很好的产品，在市场上并不适用。我们的商业计划书应该建立在合理的市场体制和需求基础上，不能闭门造车、盲目定位。一些大学生创业初期的项目是好的，产品也得到了市场的认可，但是由于没有及时巩固自己的产品优势，导致后期被同类产品赶超，失去竞争力。另一种情况则是，大学生创业者社会经验不足，信息面窄，不能敏锐地捕捉到社会大环境和市场的变化并及时调整产品策略，最终被淘汰。

（八）没有耐心，急于求成，不能坚持

当前大学生创业经常遇到的一类问题是缺乏耐心、急于求成。创业是一项漫长而艰巨的事业，就像树苗长成参天大树，绝不是一蹴而就的。很多创业者在刚开始创业时就期望项目能够带来可观的回报，却忽视了对项目的坚持和等待，在创业的中途选择了放弃，导致最终失败。创业本身就是对创业者的考验，要想通过考验，继而收获果实，不仅仅要付出辛勤与汗水，还要有足够的耐心和毅力。

（九）无法保持健康平稳的心态，经受不了挫折

创业需要的是理智而不是冲动，需要的是冷静而不是狂热。大学生年龄偏

小，心理承受能力较差，对行业缺乏深度判断，在创业失败后往往会抱怨团队、一蹶不振。对于一个真正的创业者来说，当被海浪冲到了沙滩上，应该满怀重返大海的勇气和信心。创业是一个艰辛的过程，实际上，很多创业者在有了自己一手打拼出来的事业后，才会真正感觉到举步维艰。所以，面对挫折与困难，只有肯干肯做才能不断进取，只有这样，事业才会逐渐发展壮大起来。

二、大学生创业失败案例分析

（一）案例介绍

王某创业故事。王某就读于山东某高校的电气工程专业，在创业初期，他奔走于市场，发现了计算机信息系统服务以及一些通信系统的软硬件服务发展前景不错，决心在这一领域尝试一番。他注册成立了济南大同信息有限公司，并在两年后成立了智慧交通实验室，为交通部门、高校及交通企业研究人员开展交通线路规划提供基础平台支持。

又过了几年适逢国家提出"大众创业，万众创新"政策，王某获得了政策和资金上的大力支持，他的公司得到了进一步的发展。在学校"亮交通"大学生创新创业教育实践基地举行的多次风投路演活动中，他获得了与知名商业大咖交流的机会，对公司的市场定位、经营结构、发展规划有了更透彻的认识，公司也走向了新的高峰。就这样，公司的业绩越来越好，离成功也越来越近。在一次讲座培训中，他的项目获得了创业导师的青睐。之后，王某在其创业导师的帮助下，与杭州某孵化器公司达成 1 500 万元的融资意向，成立了山东通达信息有限公司，着力发展大学城智能互联洗衣机项目。然而令王某没有想到的是，由于缺乏考虑和前期的市场调研，低估了智能洗衣机进驻校园的难度，也没有重视各学校洗衣机漫长的更换周期，项目的推广并不是很顺利，最终王某选择了放弃这个项目，与投资失之交臂。

（二）案例分析

王某面临的难题也是众多大学生创业者同样面临的，好项目不一定好开展，好开展不一定易获利。"难推广、难发展、难获利"这三难成为大学生创业转化盈利的拦路虎。在创业过程中，大学生一定要充分考虑，做好市场调研，仔细分析，做好克服困难的预案。创业不是参加一个创意比赛这么简单，创业是理论与时间的结合，需要对市场有充分的了解，要融入社会环境，这样才能立足市场、服务社会，才能获得成功，收获利润。

第二节 大学生创业风险管理

一、创业风险概述

（一）风险与创业风险

"风险"一词，相传起源于远古的渔业生产活动。在远古时期，以打鱼为生的渔民们，每次出海前都要祈祷，祈求神灵保佑自己能够平安归来，其中主要的祈祷内容就是让神灵保佑自己在出海时能够风平浪静、满载而归。他们在长期的捕捞实践中，深深地体会到"风"给他们带来的无法预测的危险，他们认识到，在出海打鱼的过程中，"风"即意味着"险"。这便是"风险"一词的由来。

创业风险，通常指创业者在创业中存在的风险，即创业环境的不确定性、创业机会的复杂性、创业者能力与实力的有限性等原因导致创业活动偏离预期目标的可能性及其后果。

（二）创业风险的特征

创业风险种类繁多，贯穿并交织于整个创业过程，但是这些风险具有以下一些共同的特征：

客观性：创业本身就是一个识别风险和应对风险的过程，风险的出现是不以人的意志为转移的，所以创业风险的存在是客观的。

不确定性：由于创业依赖和影响的因素具有不确定性，这些因素是不断变化、不断发展甚至是难以预料的，最终造成了创业风险的不确定性。

双重性：创业有着成功和失败两种可能性，创业风险具有盈利和亏损的双重性。

可变性：随着影响创业的因素发生变化，创业风险的大小、性质和程度也会发生变化。

可识别性：根据创业风险的特征和性质，创业风险是可以被识别和区分的。

相关性：创业风险与创业者的行为紧密相连。同一风险，采取不同的对策，会出现不同的结果。

（三）创业风险的类型

根据不同的分类标准，常见的创业风险可以划分为如下几种类型。

1. 按风险来源的主客观性划分

主观创业风险，是指在创业阶段，由于创业者的身体与心理素质等主观方面的因素导致创业失败的可能性。

客观创业风险，是指在创业阶段，由于客观因素导致创业失败的可能性，如市场的变动、政策的变化、竞争对手的出现、创业资金的短缺等。

2. 按创业风险的内容划分

技术风险，是指由于技术方面的因素及其变化的不确定性而导致创业失败的可能性。

市场风险，是指由于市场情况的不确定性导致创业者或创业企业遭受损失的可能性。

政治风险，是指由于战争、国际关系变化或有关国家政权更迭、政策改变而导致创业者或创业企业遭受损失的可能性。

管理风险，是指因创业企业管理不善产生的风险。

生产风险，是指创业企业提供的产品或服务从小批试制到大批生产的风险。

经济风险，是指由于宏观经济环境发生大幅度波动或调整而使创业者或创业投资者遭受损失的风险。

3. 按风险创业投资的影响程度划分

安全性风险，是指从创业投资的安全性角度来看，不仅预期实际收益有损失的可能，而专业投资者与创业者自身投入的其他财产也可能蒙受损失，即投资方财产的安全存在危险。

收益性风险，是指创业投资的投资方资本和其他财产不会遭受损失，但预期实际收益有损失的可能性。

流动性风险，是指投资方的资本、其他财产以及预期实际收益不会遭受损失，但资金不能按期转移或支付，造成资金运营停滞，使投资方遭受损失的可能性。

4. 按创业过程划分

机会的识别与评估风险，是指在机会的识别与评估过程中，由于各种主客观因素，如信息获取量不足，把握不准确或推理偏误等使创业一开始就面临方向错误的风险。另外，机会风险的存在，即由于创业而放弃了原有的职业所面临的机会成本风险，也是该阶段存在的风险之一。

准备与撰写创业计划风险，是指创业计划的准备与撰写过程带来的风险。创业计划往往是创业投资者决定是否投资的依据，因此创业计划是否合适将对具体的创业产生影响。创业计划制定过程中各种不确定性因素与制定者自身能力的限制，也会给创业活动带来风险。

确定并获取创业资源风险，是指由于存在资源缺口，无法获得所需的关键资源，或即使可获得，但获得的成本较高，从而给创业活动带来一定风险。

新创企业管理风险，主要包括管理方式，企业文化的选取与创建，发展战略的制定组织、技术、营销等各方面在管理中存在的风险。

（四）创业风险产生的原因

创业风险产生的具体原因很多，例如项目选择不当、资金不足、缺乏营销和管理经验等。总体来说，这些原因可以归纳为以下 3 个矛盾：

1. 探索与实战的矛盾

一般认为，创业者在创业初期所做的事情大多具有探索的性质，需要研究、观察与尝试，找到发展壮大的道路。但事实并非如此，只要启动创业，只要开始了产品规划、研发与推广，就不得不往前走，把尝试的事情当成确定的对象，把本来属于实验的内容当成真实的内容来做。

2. 预期与操作的矛盾

创业者往往是颇为自得、非常自信的群体，都非常相信自己的资源与实力，尤其是在取得某些胜利之后，容易在无形中夸大自有实力，自认为现金流健康、资金实力庞大、客户资源雄厚、政府关系牢固、社会评价颇佳，自我感觉良好。在这种情况下，创业者往往容易作出超出可控范围的决策与举动，从而使企业遭遇风险。

3. 创造与使用的矛盾

市场具备不确定性，项目的发展前景难以百分之百地达到预期。创业者是某一种产品、某一种事物的创造者，同时也可能是这种产品的使用者，而这种产品或事物能否得到认可、能否赚到钱，却是由其他人决定的，这些人构成客户群体。矛盾就这样产生了，作为产品的使用者，创业者认可的东西并不一定得到大多数消费者的认可，创业者本身无法确定自己的这种创造是否能产生预期收益。

（五）创业风险的识别

马克·吐温曾经说过：世界第一击剑手并不害怕世界第二的击剑手，他害怕的是那些从未拿过剑的未知对手。在创业过程中也一样，我们并不惧怕已经知道的风险，怕的是未被识别出来的风险。创业风险识别是创业者依据企业活动，对创业企业面临的现实以及潜在风险，运用各种方法加以判断归类，并鉴定风险性质的过程。创业者都必须有识别风险的能力，并不断提高这种能力。

作为创业者，应该树立正确识别企业风险的基本理念，识别创业风险要做到：

1. 有备无患

创业风险的出现是正常的，带来一些损失也是正常的，创业者既不能怨天尤人，也不能骄傲轻敌。关键的问题是要预测风险，减少损失，化解不利。

2. 未雨绸缪

创业风险需要创业者通过创业活动的迹象、信息归类，分析风险产生的原因和条件，不仅要识别风险所面临的性质及可能的后果，更重要的是（也是最困难的）识别创业过程中各种潜在的风险，为采取有效措施提供依据。

3. 持之以恒

由于创业风险伴随着整个创业过程，同时风险具有可变性和相关性的特点，所以，创业者必须要有打"持久战"的准备。风险的识别工作应该是连续地、系统地进行，并成为企业一项持续性、制度化的工作。

4. 实事求是

虽然风险识别是一个主观过程，但是必须遵循客观规律。风险识别是一项复杂而细致的工作，要按特定的程序、步骤，选用适当的方法，逐次分析各种现象，为企业客观地作出评估。

二、大学生创业风险防范技巧

针对上述创业过程中可能发生的风险，正在创业或者具有创业意向的大学生应从以下几点着手，逐步提高防范风险的技巧。

（一）谨慎选择项目

大学生在创业初期一定要做好市场调研，在了解市场的基础上创业。选择既有市场需求又符合自己的创业项目，这是大学生创业者必须慎重考虑的。通常，大学生创业者资金实力较弱，选择启动资金不多、人手配备要求不高的项目，从小本经营做起比较适宜。在选择过程中切忌盲目跟风，还要切记一点，做熟不做生，一定要选择自己最熟悉、最擅长、最有经验，资源最丰富的行业来做。

（二）积累经验

经验不足，缺乏从职业角度整合资源、实施管理的能力，将大大影响大学生创业的成功率。因此，大学生创业不能"纸上谈兵"，而应具备一定的社会经验，了解企业管理及市场营运知识。大学生一定要积累足够的社会经验，对行业、企业有初步的了解，只有做好了充分的准备，才能抓住机会成功创业。

（三）勇于创新

创业的过程就是不断创造与创新的过程，没有创新，企业就会陷于激烈的竞争中，面临生死的考验。尤其是大学生创业，经验缺乏、资源不足，更要通过创新来弥补。产品创新、技术创新，盈利模式创新、营销方式创新，只有不断创新，才能使企业立于竞争的不败之地。

（四）组建团队

在风险投资商看来，再出色的创业计划也具有可复制性，而团队的整体实力是难以复制的。因此在投资时，他们往往更看重有合作能力的创业团队，而非那些异想天开的单干者。在创业时，要善于整合内外资源，有效借助外力或外部资源降低创业成本，加快企业成长速度，提升企业运营效率，并提高企业的创业成功率；要具备足够的随机应变能力，随时应对市场的变化。

（五）保持良好心态

盲目创业是大学生创业的通病。在许多大学生看来，有了创意，就能开公司，开了公司，就会财源滚滚，他们对行业缺乏深度审视，对市场缺乏深刻了解。其实，创业需要理智而不是冲动，需要冷静而不是狂热。大学生创业除了要有好的技术，更要有好的心态，千万不能视野狭窄，过于自负，而应虚心接受别人的意见，并敢于直面挫折和失败。

（六）建立健全企业管理制度，做到有章可循

企业管理分为员工的招聘与管理、营销管理、生产管理和财务管理，任何一个环节出现漏洞，都可能导致企业跌入低谷甚至倒闭。一个企业要想持久地保持活力，除了要有持续创新的能力和敏锐的市场观察能力，严格的管理制度也是必不可少的。不论合作伙伴是谁，在企业的管理制度面前都是平等的，在出现问题时，都应该严格按照制度处理。

第三节　大学生创业风险管理典型成功案例分析

一、山东帝伯教育科技有限公司

（一）案例介绍

山东帝伯教育科技有限公司成立于 2016 年 9 月 4 日，由山东某高校汽车工程学院的学生杨某、田某共同创办。公司主要从事汽车节能技术、汽车安全技术、机械工程技术、动力与电气工程技术、能源科学技术、电子技术、通信与自动控制技术、计算机技术、交通运输工程技术、自动化设备的技术研发、技术服务、技术咨询和技术转让等活动。目前成功研发的有发动机排量连续可变技术，节流开度连续可变的发动机缓速器、电动车电子制动系统、铅酸电池管理系统等多项技术。

《国务院关于深化考试招生制度改革的实施意见》指出 2015 年起取消保送，取消各类特长生加分项目；完善和规范自主招生，主要选拔具有学科特长和创新潜质的优秀学生；所谓创新潜质的考核标准就是专利和科技竞赛。借着政策的春风，公司结合自身优势，以推动青少年科技创新活动的开展为主旨，以打造科技创新特色品牌为工作重点，发掘多所高校科技骨干形成一支科技创新志愿服务团队。该团队由清华大学、北京航空航天大学、西安交通大学、山东大学、北京交通大学、北京理工大学、上海交通大学、山东交通学院、太原理工大学、青岛大学等 30 余所高校中部分在科技创新及竞赛有突出表现的本科生、硕士生、博士生组成，涉及多个学科。

科研人员总计拥有专利 400 多项，90%以上的科研人员在中学和大学参加过科技创新竞赛活动，30%以上的人员具有 3～5 年的科技创新服务经验，团队成员研发的多项专利技术已经投入实际应用。

帝伯教育响应国家自主招生政策号召，迎合培养创新型人才的需求，并且使用互联网实现了资源的集约化有效利用和高效办公。

在创办公司前，公司团队就启动了自主招生科技创新服务业务，意在培养具有创新潜质的学生。此外，公司还为中小企业和个人提供专利技术服务，主要包括专利产品研发、专利技术设计、专利申请代理等。

基于高速发展的互联网技术，结合众包的商业模式，公司快速发展壮大起来。随着两年的发展，公司的业务已经由山东拓展到北京、河北、山西、福建、四川、吉林等省市，与山东省实验中学、山东师范大学附属中学、青岛第五十八中学、中国人民大学附属中学、河北会宁中学、河北衡水中学、泉州五中等建立了合作关系，为下一步全面开展科技创新活动进校园活动打下了坚实的基础。

（二）案例分析

山东帝伯教育科技有限公司的前身为山东帝伯机械科技有限公司，创始人田某在经历债务风波之后并没有意志消沉，就此放弃。在经过仔细的思考后，他决定和同学一起成立新公司，结合之前的公司产品，汲取失败的教训，发挥在科技竞赛、专利领域的专长，并且紧密结合近年来国家教育方面实行的自主招生政策，积极开拓自主招生教育市场。与此同时，公司内部的日常管理也逐步走上结构化、合理化、制度化的道路。经过详细的市场调研，田某选择了一批可靠、有实力的合作伙伴。帝伯教育一步一步走来，以其独特的服务方式和良好的质量赢得了一大批忠实客户，并且为青年学子的求学起到了良好的指导作用。

二、济南汉和航空技术有限公司

（一）案例介绍

济南汉和航空技术有限公司旨在对学生进行无人机的组装、维修、保养和操作培训，强化大学生的航空专业知识和实践技能。公司主要成员是飞行器制造工程专业和航空电子设备维修专业的学生。在公司成立之前，几位热爱无人机的同学就已经嗅到无人机的商业应用前景，在学校的帮助支持下，他们与无锡汉和航空公司有了初步的交流。在经过长时间的市场考察以及无人机专业学习后，他们决定大力开展无人机植保业务，并成立了济南汉和航空技术有限公司。

众所周知，山东是农业大省，而大规模的机械化作业不仅能够提高效率，同时也可以节省人力成本，而且未来农业已经呈现大规模机械化作业的趋势。济南汉和航空技术有限公司成立后，成立了无人机飞防组织，与山东及周边地区农业局达成合作，为各个地区的农业种植大户进行飞防作业，现日作业量1 000～3 000亩，日营业收入可达1万～3万元。除了自身业务发展的良好势头，济南汉和航空技术有限公司对无人机技术在农业领域的推广应用也起到了不可估量的作用。

（二）案例分析

济南汉和航空技术有限公司的创办者结合了个人的兴趣爱好、学校的指导帮助和无锡汉和航空公司的专业支持。他们掌握了无人机相关专业知识，并且预测到无人机在农业领域的应用前景，把市场放在国民经济的命脉农业上，将现代科技的创新普及到农业发展，为农民减轻了负担，减少了人力成本。公司的发展不仅体现了其经济价值，而且极大地发挥了其社会价值。

第四节 创业全过程风险分析

风险贯穿于整个创业过程。风险在创业前期、创业过程中及创业后期的表现形式各不相同，所以，应对和化解风险的措施也不尽相同。

一、创业前期的风险

创业前期是指在打算创业到创业初期这一阶段。俗话说，万事开头难，做好这个阶段的风险防范对大学生来说十分重要。概括来说，大学生创业前期的风险主要包括：

（一）临渊羡鱼

古语"临渊羡鱼，不如退而结网"，意思是说，与其面对深塘里充满诱惑的鱼群，心里痒痒的，还不如回家去织一张渔网管用。有些人看到成功者品尝"甜果"，心中好生羡慕，殊不知在"甜果"中，浸满了成功者的汗水和辛劳。应该说，一切成功都是从"苦"中得来的，创业尤其如此。

对于创业者来说，创业是一个复杂艰苦的过程，必须下苦功。只有经过艰苦的锤炼，才会有成功的欢悦。在创业的道路上没有平坦的大路，只有不畏劳苦沿着陡峭山路攀登的人，才有希望达到成功的终点。

（二）悲观主义

在创业过程中，难免会遇到挫折和困难，如果创业者尤其是企业的领导者，是一个悲观主义者，一碰到难以解决的问题就灰心丧气，那整个团队都会被一种悲观主义的情绪笼罩。越是危急时刻，乐观对于一个创业企业就显得越发重要，然而悲观主义者在危机中失去了激情，失去了面对现实环境变化的灵活和机智。当一个团队都处于被危机压倒的状态时，失败就在所难免。我们反对头脑发热、盲目乐观，但一个过分悲观的人同样难成大事。

（三）计划不明

计划不明就意味着盲目。管理学中有一个公式：成绩＝目标＋效率。在这里，明确的目标就代表着明确的计划，目标是一个计划的先导和核心。西方学者认为"做对的事情"比"做对事情"更重要，后者只能代表效率，前者才是关键。

计划是创业过程中指导性、方向性的东西，计划的错误或者不明确都会给创业者带来风险，尤其是关键的步骤、关键的地方不明确，失败的可能性就更大。

（四）资金不足

一般的创业者在创业阶段的资金比较缺乏，如果一开始在固定资产、原料存货上投入过多，就容易造成资金链断裂。而没有了资金，公司可能运转一天都会很困难。实际上，公司只有在足够规模的购买量发生之后，才会有资金的回流。所以，创业者务必在创办公司时充分估计到资金的需求量，而且一定要留有相当大的余地。对公司的资金回流，要作出最为保守的估计，而对创业初期资金的需求量，要作出最为大胆的估计，这两点有助于公司度过最初的难关。

（五）仓促上阵

1. 低估创业起步阶段所需要的时间

创业难，一家公司从无到有、从小到大，往往需要一个较长的准备时期。而在这一时期内，公司只会投入，可能不会盈利。而且从创业过程上来看，一家公司在盈利之前必须完成大量的工作，如寻找厂房、装修门面、安装设备、购入存货、联系客户等。同时，还要办理各种证件和手续，要和政府的许多部门打交道。而且在创业初期，很可能没有多少业务，创业者对此要有足够的心理准备。

2. 缺乏"地利"

中国人办任何事情，都讲究"天时、地利、人和"。"地利"在这里指选择自营企业的所在地，它在创业过程中具有重要作用。选择自营企业的所在地是一门学问，房屋的租金、社区的环境、与目标顾客群的地理关系、与供应商的地理关系等问题都应在考虑范围之内。选择的地点要与企业的形象、业务范围相匹配。比如说，不要选择房租过高的场所，但如果认为这对企业特别重要，就要考虑租用价格较高的写字楼或门面；最好离目标顾客群较近，或者能够方便他们接近公司；如果离供应商特别远，就要考虑到运输成本。最好能通过开业前的市场调查，来选择确定合适的营业场所。

3. 缺乏创业经验

一家企业从无到有、从小到大，其中有许多需要我们学习的地方。从零开始创建一个企业，这是对创业者提出的严峻考验。这时候，作为一个创业者，需要去做许多不同领域的事情，比如销售、采购、财务、设计、广告、生产、送货等。可能创业者在有的方面有经验，但在另一些方面没有任何经验。此外，作为一家完整企业的所有者，可能一开始还不适应新角色，这不仅不利于企业的经营，而且很可能会使创业者犯一些低级错误，这些错误有时是致命的。

4. 对竞争对手缺乏应有的估计

现代社会中，任何一个行业都存在着激烈的竞争，任何一家公司都有许多竞争对手。所以，当决定进入某个市场的时候，创业者必须考虑该市场的现有状况以及现有的、潜在的竞争对手的情况。有些创业者对于竞争状况不能作出合理的估计，不能正确地评估自己企业的竞争力，不了解竞争对手是谁，不懂得自己与竞争对手优势与劣势的比较，甚至有些自认能耐最大，竞争对手都不值得自己去研究。要创业，就必须对市场情况进行全面综合考察，要能确定现有的消费规模能否支撑为该市场服务的大量企业和公司。

二、创业过程中的风险

创业中失败的原因很多，但归根结底，还是在于创业者自身。或是选择失误，或是管理不善，或是缺乏市场意识，种种原因都有可能导致创业失败。一项媒体资料显示，目前我国注册成立的企业 3 年后依然存在的只有 32.4%。而创业过程中常见的风险主要集中在经营和管理方面。

（一）目标游离

很多时候，我们并没有一个明确的目标。今天看见别人炒股成功，我们也想炒股，就买来成堆的炒股书籍看。明天看见有人出国留学、移民，于是也拼命考托福。结果呢？可能花了很多金钱和时间，但没能得到想要的成功。究其原因，除了能力、努力、天时、地利、人和等不到位之外，不能忽略的一个细节就是，这些是真正的目标吗？

想做这些事，是因为真正目标在此，还是因为别人在做，并且已经取得了成功？如果这不是真正的目标，或并非真正适合自己，只是不断追随潮流，那结果只能是疲于奔命，一无所成。

（二）孤军奋战

现代社会，人与人之间的联系越来越紧密，社会专业化程度越来越高，人与人之间、公司与公司之间的相互依赖性也越来越强。这种来自同事、团队、合作伙伴等方面的支持与互动，对我们的成功起着非常关键的作用。孤军奋战不但会令我们疲于奔命，也根本不可能使我们取得成功。

一个人在最初创业时，一般没有成熟的团队和社会网络，但可以从一点一滴做起，慢慢地扩大自己的社交范围。当这个强有力的团队和网络建立起来之后就会发现，再做起事情来就会如鱼得水，游刃有余。

（三）遇难而退

成功的创业者都必须具备坚忍不拔的创业精神，这是成功的必要条件。一些创业者之所以失败，就是因为缺乏创业精神。不怕苦、不怕累，不怕失败、勇往直前，不达目的决不罢休，这就是创业精神。任何人做任何事，没有一蹴而就的，创业尤其如此。在创业期间，困难和挫折往往是无法预料的，诸如销路问题、质量问题、管理问题、资金问题、人员问题等，缺乏这种精神的创业者，在这些困难和挫折面前，就会心灰意冷，停滞不前。因此，很难相信，一个没有创业精神的创业者能取得成功。

（四）用心不专

1. 花心病

当企业有了一定实力，就开始"对外搞活"，不再专注于主业，"移情别恋"，想再找点能挣钱的项目干。这种愿望很好，但如果发展思路超过了企业的经营能力和企业实力，结果往往以失败告终。

2. 多动症

比如一家生产白酒的企业，觉得碳酸饮料能挣钱就改生产碳酸饮料，后来发现果汁饮料是未来的发展趋势，就改而生产柠檬茶。这并不是产品系列化，而是狗熊掰棒子，反复改变生产主业不仅使企业失去了最重要的核心竞争力，也丢掉了企业辛辛苦苦铸就的品牌和形象。

3. 虚胖症

虚胖病与花心病相似，是指企业呈现出多业并举的态势，但主辅业不分，大都是亏本的多挣钱的少，基本是拆了西墙补东墙，说起产业来如数家珍，其实都是"夹生饭"、亏本买卖。

三、创业后期的风险

当创业构想变成现实，并开始真正产生商业价值时，创业也就成功了。俗话说，创业容易守业难，创业成功以后，企业仍然面临着各种各样的风险，有的风险甚至会导致创业者前功尽弃。

（一）盲目冒进

当创业企业初具规模、小有成就时，创业者容易被自己营造的区域性知名度冲昏头脑，趁着手里有一定积蓄，不顾发展实际，盲目开拓超越实力的大市场。甚至还有人孤注一掷，投巨资做广告。这种过分依赖媒体极力催肥的增长有如昙花一现，随着消费者热情的消失，其销售量会像坐升降梯般直线下滑。接着就是货款无法偿还，供货商逼债，流动资金短缺，企业无力顾及生产经营，只好坐以待毙。曾经夺得中央电视台广告标王的孔府宴、秦池、爱多，无一不是在媒体广告追捧到极度辉煌后迅速窒息而亡的。

比如秦池，这个曾经一度辉煌的品牌，从它以 3.2 亿元中标的那一刻起，其命运就急转直下，相当于当时全年利润 6.4 倍的巨额广告费让它举步维艰。2000 年 7 月，当年家喻户晓的"秦池"商标因 300 万元债务而被迫拍卖。

（二）好大喜功

大多数创业者思想解放、个性执着、敢作敢为，这种个性使他们在创业初期的商业浪潮中获得了成功。但随着企业规模的扩大和实力的增强，个人追求财富欲望的膨胀，再加上市场环境日渐规范，竞争日趋激烈，他们执着的个性开始显示出脱离实际的倾向，企业行为也围绕着个人的喜好而波动。一位倒闭企业的老总说过令人深思的几句话："你不该挣的钱别挣，天底下黄金铺地，你不能通吃。这个世界诱惑太多，但能克制欲望的人并不多。"

北京玫瑰园第二任开发商曾无奈地自称是北京最失败的人。20 世纪 80 年代中期，他白手起家创建了香港最大的房地产代理商利达行，同样是他，在 20 世纪 90 年代初期进入内地后，连续创造了写字楼商铺每平方米售价和日租金的新纪录（万通新世界广场创造了每平方米 3 000 多美元的销售天价），但最后仍以失败告终。

这样的企业通常都有这样的共性：企业规模扩张太快，人员、资金、管理三大要素相对滞后，企业发展根基脆弱。这三大要素中的任何一个在某一局部出现问题，都有可能使本不稳固的企业发生"塌方"。不少成功者缺少处理危机的意识和经验，以致个别不和谐音符最后发展成四面楚歌，导致全线崩溃。

（三）挥霍浪费

在创业初期，大多数创业者都能做到开源节流，艰苦勤俭，因为当时根本就没有资金供他们浪费，手里的钱省着花还不够用。可是在创业初步取得成功后，企业有了资源，有了资金，在某些方面多花一些和少花一些差别也不明显，而且有些创业者以为苦尽甘来，放松了过苦日子的意识，若管理上再出现混乱，虽然企业的业务在不断地增长，可到头来利润却有可能下降，关键就在于没有好好地控制成本和费用。前些年，清华大学旗下的几个校办企业里，除了清华同方外，其他企业都是大量亏损，就属这类情况。

（四）小富即安

小富即安的一个表现就是患有"近视症"。企业经营中追求小目标，小富即安，排斥新的融资方式与能人的参与，排斥现代营销观念，看不到更为广阔的市场，甚至产生自卑心理，否定自身可以发展壮大，不敢寻找高手竞争。由于目光狭隘，企业形成了"弱不禁风"的体质。

另一种情况是放不开本业。放不开本业就是人们常说的离不开老本行，以前干什么，以后还想干什么，被老本行捆住了思想和手脚。很多创业者因为走不出原来的圈子，创业时总是按固有的模式和套路操作，一成不变，最终失败。

（五）缺乏创新

创业的过程就是不断创造与创新的过程，创新是企业的唯一生命线，失去创新，企业将停滞不前，甚至衰亡。企业得以生存与发展的根本，就是要能不断地满足人类社会不断增长的物质与精神需要，企业要做到这一点，必须要创新。目前市场上那些岌岌可危的企业老总和失败的创业者对此体会应该更加深刻。

当前，科学技术日新月异，资本力量在创业经营中的重要性已经让位给知识和技术创新，就是说，走在时代前列的创新将引导企业走向繁荣。没有创新，就是抱着钱袋子，也赶不上时代的潮流，必然成为失败者。有些公司没有太多资本，但依靠创新依然可以获得发展。相反，不少企业尽管资本雄厚，设备齐全，人员也不少，但因为经营不善和缺乏创新精神而出现亏损。时代的迅猛发展把企业经营中资本和"知本"的重要性位置完全颠倒过来了。

（六）管理危机

成功管理的关键不在于排除所有的问题，而在于把注意力集中到企业当前阶段所存在的主要问题上，这样企业才能成长、成熟并壮大起来。创业成功后，企业面临的主要管理问题是管理危机问题，具体表现为以下几个方面：

1. 创业者开始力不从心

创业成功后，人员增多，业务繁忙，企业面临的问题越来越复杂。然而，创业者习惯于发号施令，事必躬亲；员工也习惯于接受命令，对创业者有依赖心理。这就导致创业者日常事务过多，工作量剧增，不可避免的结果便是创业者疲于奔命，顾此失彼，不堪重负。

2. 决策执行的有效性降低

创业成功后，企业经营的地域和范围也会扩大，管理开始变得复杂起来，问题也日渐增多。由于企业仍习惯于创业者一人领导，而缺乏相应的机制和政策，因此，决策执行的效果也会大打折扣。

3. 新老员工出现矛盾冲突

创业成功后，由于发展的需要，企业会招聘新员工。由于价值观念、教育背景、工作经历等不同，新老员工容易发生矛盾冲突。而由于相应的协调与管理机制跟不上，新老员工的冲突会产生内耗，导致 1+1＜2 甚至 1+1＜1 的现象。

总而言之，创业本就是一条充满艰辛困难的道路，是一条勇敢者才可以坚持走完的路。创业过程中遇到的各种困难、风险都需要妥善地去处理应对，只有提前做好规划，做好前期准备工作，才能尽可能地避免创业失败。大学生创业者在创业初期一定要做好市场调研，也可委托专业机构进行可行性研究，在了解市场的基础上创业。在创业之前，可以先在企业打工或者实习，积累相关的管理和营销经验，也为自己日后的创业积累人脉；也可以积极参加创业培训，积累创业知识，接受专业指导，为自己充电；还可参加各类创业大赛，模拟创业，以提高创业的成功率。

一方面，当前大学生创业得到了政府、高校以及社会各界的高度重视，目前在国内已经兴起鼓励和支持大学生创业的热潮。但任何一项活动都具有风险，大学生创业同样如此。具有较大不确定性的大学生创业活动，往往存在着创业失败的风险，大学生也面临着创业失败后的失业问题。在创业过程中，大学生失败不仅仅是外部市场与社会大环境造成的，还有许多大学生自身的问题。社会环境复杂，市场变幻莫测，这些因素经常会导致许多成熟大企业失败，而大学生创业公司规模小，发展起步晚，各方面不够完善，面对这些困难他们往往更无法应对。另一方面，大学生创业者本身都是在校或者刚毕业的大学生，他们自身经验不足，专业知识储备不够，对市场分析不足，有一些人心态还不够成熟，对创业的认知不够，这些也都是导致大学生创业失败的原因。大学生在创业时应重视社会大环境和市场的变化与需求，在创业实践中积累经验，提高综合能力，谨慎地选择创业项目和合作伙伴，在创业道路上保持健康平稳的心态，直面挫折，敢于挑战和创新，勇于抓住机遇，趋利避害，并提高抵御风险的能力，从而减少创业的盲目性，降低创业失败的风险，从而推动大学生实现成功创业的目标。

第五章

大学生职业规划与就业指导

　　大学生除了创新创业还可以选择就业，本章将从大学生职业生涯规划的方法与步骤、大学生就业求职技巧、大学生就业机遇的把握、毕业生就业权益保护这四个方面进行详细的阐述。

第一节　大学生职业生涯规划的方法与步骤

一、确立志向

　　确立志向，指一生追求的事业发展方向和事业理想。确立志向，通俗讲就是确定自己这一生将要"干什么"，只有明确了自己要干什么，才能确定具体的目标。比如确立终身从事教育事业的远大志向，但并未具体确定是做教师还是其他教育工作者；是做大学、中学教师，还是做小学、幼儿教师。制定职业生涯规划，首先应确立志向和理想，而不是急于确定具体的职业目标，这有利于从宏观上更好地把握职业发展方向。实践证明，一个有远大志向和理想的人，在一生的奋斗中，即便遇到一些挫折，也不会被困难所吓倒。相反，如果一开始就盯着某一个具体的职位，必然会纠缠于一时的成败，患得患失，稍遇坎坷就可能动摇，甚至迷失方向。因此，确立志向是制定职业生涯规划首先必须解决的问题，也是事关个人一生追求是否符合自身实际、定位是否准确的大问题。

确立志向，应按照职业生涯类型，在把握职业生涯规划原则的基础上，充分结合自身情况，审慎地作出选择。确立志向也许并不能一次完成，许多大学生往往简单地根据自己的专业、兴趣爱好确立志向，但随着时间推移，发现自己并不适合这一领域。尤其是现在大学生进入某一专业领域的因素是多方面的。因此，初步选定志向以后，还要进行全面的评估，根据评估结果，作出调整。

二、状况评估

（一）自我评估

自我评估的内容主要是职业体力倾向、职业能力倾向和职业个性倾向三个方面。

国家人力资源和社会保障部人事人才研究所罗双平从这三个方面出发，提出了以下评估内容：第一，生理上的自我。即对一个人的相貌、身材、举止、语言的分析。有很多职业对一个人生理上提出了要求，比如模特要求身高出众，播音员要求语音醇厚，运动员要求身体素质和动作协调性等，不是所有职业我们都能介入。第二，心理上的自我。即内在自我，指对一个人的性格、意志、自信、上进心、创造性、管理与领导潜力、成就感等方面的评估。这些方面对一个人职业选择事业发展影响也非常大。第三，理性自我。这是一个人职业生涯中最重要的内容。比如行为方式、思维方法、道德水准价值追求以及一个人的情商和逆境情商（AQ）。美国曾作过调研，在一个人事业成功的因素当中，智商占 20%，情商占 80%，而具有逆境情商的则几乎占 100%。情商高的人最大的特点是自我激励能力比较强，有坚忍不拔的毅力。第四，社会自我。指对自己在社会中扮演的角色，在社会中的责任、权利、义务、名誉，自己对他人的评价，以及社会对自我的评价，等等。自我评估应掌握以下原则：

适度性原则。在自我评价应当适当。过高的自我评价往往使自己脱离现实，意识不到自己的条件限制，自信又自负。在作规划或择业时，就有可能出现期望值过高。相反，过低的自我估价往往忽视自己的长处，缺乏自信，过于自卑。作规划或择业时目标不适当，限制了自己的发展。实际上过高或过低的自我评价对自己都不公正。

全面性原则。指自我评价应当全面。任何一个科学的自我评估都应当考虑到全面的整体因素，既看到自己的优点和长处，也看到自己的缺点和不足，其评估结论应当是对自己的综合评价。

客观性原则。指自我评价应当以客观事实作为基础和依据，尽可能排除主观因素的限制和外界环境的干扰，努力使自我评估趋于客观和真实。

发展性原则。在自我评估时还应当着眼于自我的发展，充分考虑自我随着环境、职业经历再教育等变化而变化的因素。在自我评估时，不但应对自我的现实素质进行评估，还应当对自我的未来发展作出预测，包括发展潜力和前景展望。要把握好以上几个原则，对自我作出适当、全面、客观的评估，除了加强学习，提高自身素养之外，掌握科学的评估方法也很重要。自我评估的方法多种多样，常见的有以下几种。

心理学的测评方法。这是通过心理测验对自我兴趣特长、性格、气质、情商、组织协调与人际关系等方面作出的评估。

经验比较的测评方法。利用自己过去成功之处和失败的经验进行比较，利用与自己条件相似的人的成功经验进行比较，利用他人评价与自我评价进行比较。总之，利用比较，得出相同与相异的若干结论，从中分析找出符合客观的自我评估。

在实际的自我评估中，往往需要综合使用上述方法，使评估结论趋向真实。

（二）环境评估

环境评估指从社会、组织和人际关系三个方面的分析入手，找出自己所处环境条件的特点发展变化情况、自己在环境中所处地位、环境对自己提出的要求以及环境对自己有利的条件和不利的因素。使自己的生涯规划既要与环境的要求相吻合，又要做到在复杂的环境中趋利避害，使自己得到发展。

社会环境评估是宏观环境评估。指正确认识和把握国家社会经济发展的客观规律，从而使个人的职业生涯规划与社会发展的大趋势合拍。要做到对社会环境的准确判断和评估，养成关心时事的习惯。无论学什么专业，今后准备从事什么职业，都应当了解国家社会的形势、政策和未来发展趋势，更重要的是要学会观察和分析社会现象，善于通过现象抓住本质，使自己在复杂的社会环境中站得高、看得远。

组织环境评估是中观环境评估。指正确认识和把握用人单位的发展前景和内部环境，不被眼前利益所迷惑。西方有一句名言：选择了一个组织，就是选择了一种生活。特别是现代组织越来越强调文化建设，在一个专业符合度高、领导知人善用、企业文化优秀、发展势头良好的单位，个人的发展前途一般也不会太差。组织环境评估还有一个重要因素需要考虑，即组织提供的培训机会。

因为在社会发展日新月异的时代，任何学校教育的知识都是有限的和阶段性的，因此，在事业的进程中，组织提供的培训机会已成为影响个人事业成功的重要加速器。

人际关系评估是微观评估。指正确认识和把握组织内部的人际关系和自身个性特征与职业人际关系要求适应程度。人作为社会的组成单元，每时每刻要同他人打交道，因而正确分析人际关系状况显得尤为重要。在一个人际关系紧张、互相钩心斗角的组织里，个人不仅很难取得什么成就，而且个人的情绪和心理健康也会受到不良影响。另外，不同职业对人际关系的处理有不同要求，有的职业个体独立性强，一般不需要过多地考虑人际关系，而有的职业则必须广泛与人打交道，对个人人际关系能力要求高。人际关系分析应着眼于以下几个方面：个人职业发展过程中将与哪些人交往，其中哪些人将对自身发展起重要作用；相反，会有哪些人际关系因素将对自己发展带来不利影响，自己将如何相处、对待，等等。

三、确定职业生涯目标

（一）如何确定职业生涯目标

确定了职业发展方向，完成了状况评估，就可以确定自己的职业目标。职业目标是个人理想的具体化和可操作化。形象地说，职业发展方向决定自己走上什么样的"职业道路"，而职业发展目标决定自己一生在这条道路上将走多远，将得到什么样的结果。职业目标通常分短期、中期和长期。短期目标又称近期目标，一般指毕业后实现顺利就业的1～2年；中期目标又称阶段性目标，一般指适应工作岗位后的5～10年；长期目标又称最终目标，一般指工作10～20年后，甚至更长的时期内实现的自己的人生理想。当然，不论短期目标、中期目标还是长期目标，都不是绝对的一成不变的，而是随着社会、环境、个人等条件因素变化不断作出调整的。总之，一定要跟上时代进步的潮流，尽量使自己的职业选择适应社会需求，才不至于被淘汰出局。另外，确定职业生涯目标也不可能一蹴而就。实践证明，往往要经历从抽象到具体、从模糊到清晰的循环往复过程。

（二）如何确定职业发展起点

确定职业发展起点无定式可言，一般来说随自己选择的职业岗位所在地而定。我们强调正确对待职业发展起点，是强调在考虑职业生涯规划时不应把选择大城市、经济发达地区作为人生事业起飞的主要考虑因素。事实上，很多一开始选择了北京、上海、沿海发达城市的毕业生很快发现，那里虽然薪资水平高、工作条件好、生活舒适，但却人才济济、竞争激烈。结果工作时间不长就不得不被迫跳槽另选单位。而如果一开始就选准方向，在一个地方围绕一个职业长期稳定发展，在工作中不断积累工作经验，丰富人力环境资源，终将脱颖而出。有企业作过统计，在企业担任中层以上主管甚至高层主管，有较高薪水的，都是在企业连续工作 8 年以上的员工。而那些朝秦暮楚，不断跳槽的人 8 年后，仍然站在起点上。实践证明，资历加努力对于有望成为某一领域的资深人士来说，应该是非常重要的成功因素。因此，选择了适合自己的职业发展方向，确定职业目标，就不必在意职业起点是城市还是乡镇，是东南沿海还是西部边陲。

四、选择职业生涯路线

（一）常见的职业生涯路线

根据霍兰德提出的五种职业类型和施恩提出的五种职业锚，本书给出常见的四种职业生涯路线图（图 5-1-1 至图 5-1-4）。

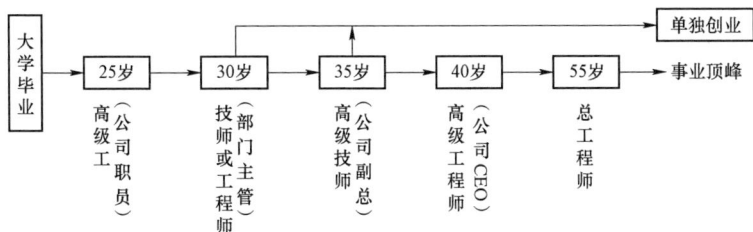

图 5-1-1　企业型（企业管理）职业生涯规划

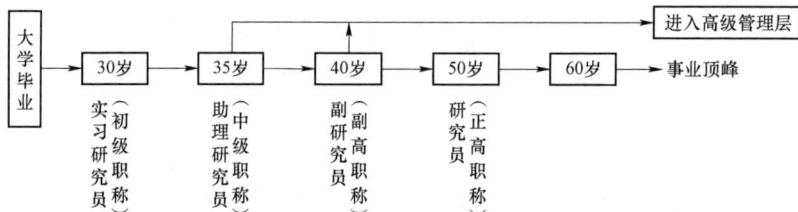

图 5-1-2　研究型（专业技术）职业生涯规划

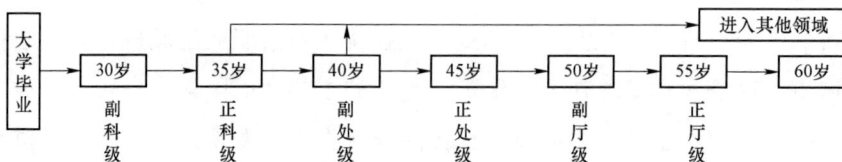

图 5-1-3　社会（公务员）型职业生涯规划

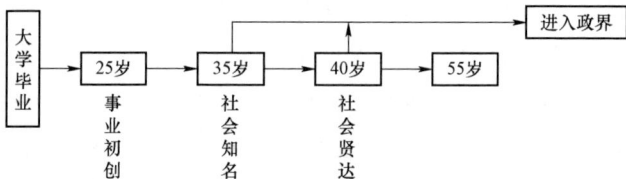

图 5-1-4　艺术型（律师、记者、艺员、运动员等）职业生涯规划

　　实际上，每个人在选择了职业发展方向和确定了职业目标以后，还面临着选择职业生涯路线。换言之，任何一个职业发展方向都会面临不同的发展路径。比如选择了终身从事教育事业发展方向，确定了做一名成功的教育工作者的最终目标，这时还面临将沿哪一条教育路径走下去：是进入教育行政主管部门，走行政管理路线，向行政方面发展；还是进入学校做一名教师，走专业技术路线，向业务方面发展；或者是做一名教育新闻媒体的记者，走自由职业的发展路线等等。发展路线不同，对人的各方面条件的要求也不同。即使同一职业领域，也有不同的岗位。有人适合搞行政管理，可在管理方面大显身手，成为一名卓越的管理人才；有人适合搞科学研究，可在某一领域有所突破，成为一名专家学者；有人适合搞经营，在商海中建功立业，成为一名经营人才；也有人更适合自由职业，在律师、作家、艺人、运动员等等职业中发挥聪明才智，为社会提供精神食粮。

　　显然，如果一个人不具有表演天赋，却选择了艺术型路线，他就很难成就事业。由此可见，职业生涯路线的选择，也是职业生涯发展能否成功的重要步骤之一。

上述常见职业生涯路线图是以 22～24 岁大学毕业进入职业岗位为起点。我们注意到，企业型与艺术型生涯路线相对适应期短、成功早，有的甚至能在短期内迅速走向成名。而研究型、社会型路线相对要花较长的时间才能取得成功。但不管成功早与迟，要想不断超越自己实现最终人生理想，都要付出艰苦努力。

（二）选择职业生涯路线的四大要素

如何才能作出正确的选择，走上适合自己的发展路线呢？这就是在生涯路线选择时需要把握的四个要素，即回答以下四个问题：

第一，想往哪一路线发展。把握这个要素，其核心问题是分析自我的价值目标取向，追求什么样的人生理想，当然，也包含兴趣和动机。

第二，适合往哪一路线发展，把握这个要素，其核心问题是分析个人资质和潜能，即当前具备的学历、智力和潜在能力如何。

第三，可以往哪一路线发展，把握这个要素，其核心问题是分析自我所处环境，包括社会环境、组织环境等，有时甚至包括社会政治、经济大环境，从而决定路径选择的许可度。

第四，是否存在迂回发展路线。把握这个要素，其核心问题是分析自我面临的机遇与机会的成熟度。从而为近期路径与中期目标的转换作出合理的安排。经常有这样的情况，有向往某一职业的理想，也适合这样发展，但目前环境条件不具备，是否简单地作出放弃的决定呢？这显然是不科学的。为了等待机遇，也为了积蓄力量，可以暂时选择另一条路径。有一个真实的故事，某青年为了成为 IT 行业的领军人物，先干了五个月打字员，又干了一年半印刷工，当他熟悉了打印、排版、印制等全过程，又拥有一批固定客户后，他办了一个小印刷厂；以印刷厂为依托，他又办了打字员培训班；逐渐拓展延伸，先后办起了电脑培训学校、信息职业学院，终于实现了自己的理想。

考虑了上述四个要素，进行综合分析后，就可以确定自己的职业生涯路线，这必将是一个全面、科学的生涯路线。

（三）选择通路策略

选择通路策略，指进入职业生涯路径后根据自己的能力，进一步设定具体发展轨迹，预测自己在组织内的职务提升步骤。职业通路实际上包括一个个的职业阶梯，由低至高拾级而上。如想从事医务工作，晋升步骤应为：医师—主治医师—副主任医师—主任医师。如果想从事营销工作并想有所作为，起步可能是一个公司的业务销售代表，可以设定通路计划为：业务代表—业务主管—销售区域经理—销售经理，最终达到公司经理的理想生涯目标。

选择职业通路应包括以下内容：描述各种流动的可能性；反映工作内容、组织需要的变化；详细说明职业通路每一职位的学历、工作经历、技能和知识。

五、提出达到目标的条件——必要与需要

（一）必要条件

必要条件指实现某一职业目标的职业资格。在确定了职业生涯目标选择了职业生涯路线以后，就可以提出达到目标的必要条件。必要条件有三种情况：第一种是入门资格，入门资格又称基本条件。比如学历、性别、专业、身体状况等等，几乎所有职业岗位都提出自己的"入门"资格条件。第二种是附加资格，附加资格指在通常的入门资格基础上，根据岗位需要再附加若干资格条件。比如近年来国家公务员招考，有相当一部分岗位附加"中共党员"这一报名资格；很多企业招聘时，附加"两年以上工作经历或岗位经历"的报名资格。显然，附加资格条件使得招聘范围极大缩小。第三种是高级岗位资格，高级岗位资格指担任部门主管或科级以上领导职务时提出的必要条件。在我们职业生涯的不同阶梯上，要想由低至高向上发展，就必须弄清每一职位的岗位资格要求，不断创造条件，实现目标。

值得注意的是，近年来社会用人单位招聘大学生不再简单地提出诸如学历、专业等资格条件，而是全面考查大学生综合素质。ABB 中国投资有限公司人力资源部高级副总裁韩愉提出 ABB 招聘销售人员的六大能力：诚实、追求结果、与人交往、专业、说服与沟通、团队精神[①]。葛洲坝集团副总经理陈邦峰提

① 张文芳，刘延雷，刘海. 大学生职业发展与就业指导 [M]. 成都：电子科技大学出版社，2010.

出企业用人的七大能力：自我学习、解决问题、专业技术、经营管理、敬业精神、协作、创新[①]。北京高校毕业就业指导中心，对150多家国有三资等类型企业调查后发现，具有以下八项素质的大学生最受欢迎：在最短时间内认同企业文化；对企业忠诚，有团队归属感；虽不是名校出身，但综合素质好；有敬业精神和职业素质；有专业技术能力；沟通能力强，有亲和力；有团队精神和协作能力；对工作充满激情。

（二）需要条件

需要条件指胜任某一职业岗位的综合素质要求。对社会用人单位而言，就是晋升选拔、选优的条件。在职业生涯中，我们要想顺利实现职务晋升，就要了解每个职业阶梯高级职位的任职资格。而现在强调，高级职位总是有限的，具备任职资格仅仅是第一步，还应当知道胜任这一职位的综合素质要求，不同企业有各自不同的选拔标准。

（三）素质拓展计划

明确完自己的职业生涯目标、路线、必要条件、需要条件等，可以说完成了职业生涯规划的第一部分内容。我们一开始就强调，职业生涯规划不仅是提出自己的理想，更重要的是制定出详细的教育实践计划，向着理想和目标迈进。我们注意到，大学专业教育的内容，仅仅是社会用人单位考核的一小部分，而企业高度关注的更多的能力素质要求，则需要我们通过周密计划和有意识的训练才能获得。素质拓展指在校期间周密细致、操作性强的努力方向，具体来说：制定出三年计划，对大学生活作出合理安排；制定分年度实施计划，细化到内容、方法、步骤与时间表，并且特别强调要有评估回馈，以检查计划落实情况并及时作出调整。每年度的实施计划可以细化到月和周，逐周、逐月落实。试试看，这样的计划可以产生只争朝夕的紧迫感，从而使学习效率大为提高。

---

① 张文芳，刘延雷，刘海. 大学生职业发展与就业指导［M］. 成都：电子科技大学出版社，2010.

六、决策与评估

（一）职业生涯规划决策

完成了上述各项工作以后，可以做最后的职业生涯规划决策。管理学研究提出了多种决策方式，而信息性决策是综合性强、全面、科学的一种。在网络普及与信息交流速度快、范围广的情况下，应用信息决策技术可以得出令人满意的结果。

信息决策的核心要素是掌握信息准确、全面。而收集信息的内容正是前面各项内容所要求的。信息决策方法与过程如图 5-1-5 所示。

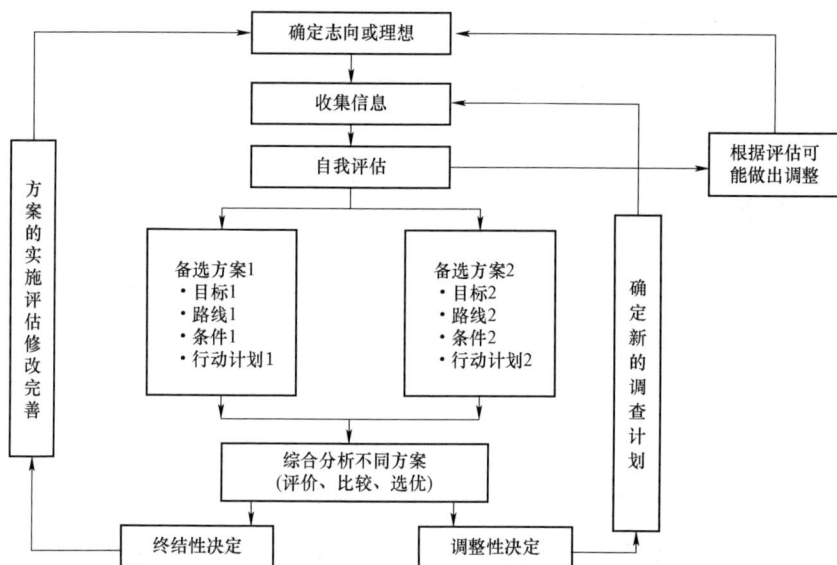

图 5-1-5　职业生涯规划决策流程示意图

在初步决定了自己的职业志向或理想之后，开始广泛收集信息并进行自我评估；根据自我评估，针对自身的具体情况有可能对自己最初的理想作出调整。在充分了解自我与掌握信息的基础上，提出职业生涯规划方案，一般提出两套方案备选，然后对两套不同方案进行评价、比较和选优（最适合的）。结果如果很好，则作出终结性决定，并对方案的可行性进一步评估，修改完善后可实施。结果也可能不理想，可通过再次调查寻求更好的方案。

（二）系统评估

系统评估有两层含义，第一层含义，对整个规划再做一次全面的评估。其内容主要是三个方面：现状评估，自我认知是否准确（现在是什么）；价值评估，自我设定是否最优（将来应该是什么）；技术评估，路径选择是否合理（什么是最佳路线）。第二层含义，根据变化的情况对规划作出调整。俗话说，计划赶不上变化，影响职业生涯规划的因素很多，有的变化可以预测，并已经吸收到规划中，也有的变化难以预测。在这种情况下，要使规划仍然有效，就必须通过对规划的评估作出必要的修订。无论哪一部分内容不符合实际，都可以进行修订，比如：职业发展方向修订、目标修订、职业生涯路线修订、素质拓展计划修订等等。

第二节　大学生就业求职技巧

一、求职材料的准备

（一）求职材料的重要性

求职材料的重要性主要体现在如下两个方面：

在编写过程中，毕业生能够对自身的情况作出全面的分析和评价，明确自己的专长和爱好，把职业的要求和自己的个性特征、实际才能结合起来，理性思考，作出明智的择业取向，也能从中悟出自己的不足，从而及时补缺补差。

通过求职材料，用人单位不仅可以了解一个人的简单经历，而且还能了解一个人的知识、能力以及特长、爱好，从而决定是否给予毕业生一次面试机会。

（二）求职材料的编写构思

1. 目标明确

组织和编写求职材料的大目标和大方向就是为了就业，凡有利于就业的各种材料、各种组织编写方法都可以加以运用。

2. 针对性强

即编写求职材料时，应根据大致的就业意向，根据应聘的行业、职业或单位特点进行材料的合理组织、安排和撰写。要做到有针对性，就必须做到知己知彼，根据不同情况写出最适宜的求职材料，"投其所好"。

3. 客观实用

即在编写求职材料的过程中，要采取实事求是的态度，保持求职材料内容的真实。另外，求职材料的目的是为了就业，在文体上，求职材料的写作不可过分追求文笔超脱、言辞华丽而舍本逐末。

（三）求职材料的内容及特点

求职材料主要包括求职信、学校推荐表、个人简历、附件（证书复印件等）等内容。求职材料应具有以下几个方面的特点

第一是客观性，求职材料必须要以事实为基础，以能够顺利就业为目的。

第二是创造性，求职材料从形式到内容，材料的结构和组织取舍，完全可以发挥求职者的创造性思维和丰富的想象力。一些用人单位常常被这些创造性很强的求职材料所吸引。但创造性并不等同于求新求异，要切忌把材料搞得花里胡哨，哗众取宠。

第三是独特性，正因为自己编撰求职材料是一项创造性的工作，所以它也最能充分展示择业者的个性特征，使求职材料具有他人不可取代的独特性。

第四是针对性，要针对应聘对象，取舍得当，突出重点，结构合理，条理清晰，让用人单位能够一目了然，印象深刻，使其尽快通过面试。切勿为求全面，讲究面面俱到。

（四）求职材料的整理与包装

1. 求职材料的整理

求职材料的整理包括以下几个步骤：

（1）收集材料。俗话说"巧妇难为无米之炊"，搜集个人原始材料是一项基础性工作，要以择业目标为中心，按需搜集，即围绕就业目标所需的专业特长、知识结构和能力等进行，注意专业特点、个人能力与行业特点的统一。

（2）分类整理。搜集的原始材料很多，在分类整理过程中一般按以下五个

大方面进行专题细分：个人简历性材料、专业学习材料、特长爱好材料、社会实践材料、奖励评论性材料。对分类材料进行汇总编辑，检查材料是否有明显遗漏或残缺。同时，材料含糊甚至与实际情况有出入的，一定要撤除或修补。

（3）汇总分析。经过分类整理后，要把同类型的材料集中起来，对材料的使用价值进行自我分析评估，把材料依其价值评分，分清主次，一一罗列出来，以便于编写使用。

（4）合理编撰。在编撰求职材料的过程中，要针对所应聘目标的具体情况，合理取舍，有机组合，充分体现择业者的优势与特长。

2. 求职材料的包装

求职材料的主体部分在原始材料基础上，根据不同的应聘目标编写完成后，还要进行包装，即完成封面（主题）设计和求职材料的装订工作。封面设计基本原则是美观、大方、醒目、整洁。封面设计要有一个主题（标题），一个好的主题，往往能够一下吸引用人单位，促使招聘者想进一步了解求职材料的具体内容；封面的设计风格与求职材料内部主体内容风格要一致，具有统一性、整体性。同时，封面设计中最好体现出择业者的姓名、专业、学校及联系方式等最基本的内容。装帧不要太华丽，保持整洁明快是最重要的。

3. 投寄求职材料的一般程序

投寄求职材料一般有两种方式，一种是直接送交，另一种是间接递交（包括转交或以信函、电子邮件等方式投寄等）。无论采取哪种形式，都要在用人单位规定的投寄时间内寄到。

（五）求职信的写作技巧

1. 求职信的格式和内容

求职信是一种自我推荐的信件，它通过表述求职意向和自身能力，引起对方的重视和兴趣。一封好的求职信可以向阅读者说明自己的能力与才干。一般来说，打开材料，首先看到的便是求职信。正是有了求职信，阅读者才会对简历上所写的经历与业绩感兴趣。所以，求职信无论在文体上还是内容上都必须给阅读者留下好印象。

求职信的内容主要包括以下四方面：

（1）说明本人基本情况和求职信息的来源。

（2）说明应聘岗位和能胜任本岗位工作的各种能力。

（3）介绍自己的潜力。

（4）表示希望得到答复面试的机会。

求职信是属于书信范畴，所以其基本格式应当符合书信的一般要求。主要包括开头、正文、结尾落款附件等部分。

求职信开始之前，首行要用"您好"之类的问候语。在第一部分里，可以简单地叙述一下写求职信的理由，可以扼要说明一下是怎样知道招聘信息的，何时注意到该公司的，如果公司中有人推荐过其职位，可巧妙地将此事写入求职信中，但千万不要给人以自我夸耀的印象。

第二部分，应阐明自己对单位职位感兴趣的原因，以及有价值的背景情况和胜任招聘岗位的能力。这一部分是求职信的核心，通常用一段或两段来写。内容要有说服力，说明自己怎样适合这个职位，更重要的是表明"自己能给单位什么；如果单位录用，自己能为单位作出什么贡献"。这部分的写作与个人简历是相辅相成的，要说明个人能力，但又不能把简历内容全写进去，只选最能代表自己长处、技能和业绩的项目，要着重说明这些长处和技能可以给该单位带来什么益处。

最后一部分，要写出自己对招聘单位的希望，委婉地提出面试的要求，因此在这一段里最好向招聘者说明"何时""何地""怎样"与自己联系，当然联系办法越简单越好，包括手机号码和 Email 等。结束时，通常是标准的，不能一味地阿谀奉承，但可以写得灵活一点。最后的署名要亲自签名，不要忘了写上日期。"附件"也不能遗漏，在求职信的左下角写上"附件"，注明申请人提供的材料名称（目录）。

2. 求职信的写作要求

（1）态度真诚，摆正位置

在写求职信时，首先应该想的是公司要我来干什么？或者换句话，不应该写自己需要什么，获得该职位对自己有什么好处，而应该写自己能为公司做些什么。有了这样的态度，才能摆正位置。

另外在写求职信时，要诚恳礼貌，切忌炫耀浮夸。另外缺乏自信也是不可取的。

（2）整洁美观，言简意赅

求职信文字的整洁美观很容易引起用人单位对求职者的好感。现在有很大一部分毕业生的求职信都是用计算机打印出来的，但如果毛笔字或钢笔字写得很好，建议用手工工整整地书写，这样能给人以亲切感，同时也向用人单位展示了自己的特长。不管手写还是打印，都应注意言简意赅。一般而言，求职信以 A4 的纸张一页为宜，如果确实有内容，则不宜超过两页，其他作为附件或面谈时的内容。

（3）富于个性，有的放矢

求职信的主要目的是力求吸引对方，引起对方兴趣。求职者在开头应尽量避免过多客套空话，要以一句简朴"您好"，直接切入主题，也可用一两句富有新意的话吸引阅读者，拉近与用人单位的距离。求职信的核心部分是自己胜任工作的条件，这并非多多益善，而是要有针对性，有的放矢。所以在动笔之前要着眼于现实，对应聘单位情况要有所了解，以事实和成绩恰如其分地、有针对性地介绍和突出自己的特长。求职信与应聘单位要能够一一对应，这样才能投其所好，察其所需，供其所求，显示个性，赢得胜机。

（4）以情动人，以诚感人

以情动人。善用语言有助于交流思想，传递信息，感动对方，写求职信更要注意这一点。那么怎样做到以"情"动人呢？关键在于摸透对方的心理，然后根据与对方的关系采取相应的对策。如果求职单位在家乡，可以充分表达为建设家乡而贡献自己聪明才智的志向；如果求职单位在贫困地区，就要充分表达为改变贫困地区面貌而奋斗的决心……总之，要设法引起对方的共鸣，或者得到对方的赞许，这样就有可能收到意想不到的效果。在注重以情动人的同时，还要以"诚"感人，以"诚"取信，做到态度诚恳、诚实，言出肺腑；内容实事求是，言而可信，优点要突出，缺点不隐瞒；恭敬而不拍马屁，自信而不自大。只有"诚"才能取信于人，得到用人单位的重视。

最后，提醒求职者在写求职信时，切忌以下六点：错字连篇，主次不分；长篇累牍，无的放矢；条理不清，逻辑混乱；好高骛远，炫耀浮夸；过分谦虚，缺乏自信；用词不当，礼节欠缺。

（六）个人简历的写作技巧

1. 个人简历的内容

简历是对求职者能力、受教育情况经历、技能等的简要总结。它的主要任务就是为了让用人单位全面了解自己，从而为自己创造面试的机会，最终达到就业的目的。一份好的简历无疑是新工作的敲门砖。

一份合格的简历应包括以下几个方面的内容：

（1）总体个人信息：姓名、性别、出生年月、籍贯、政治面貌、婚姻状况、身体状况、兴趣爱好、性格以及自己的联系方式等。

（2）教育和培训背景：学位、学历、学校、专业、主要课程、实习经历、外语水平等。

（3）个人经历：大学以来的简单经历，主要是学习和担任社会工作、参加社团活动的一些经历等。

（4）技术和技能：电脑技能、语言技能、性格特点、人际沟通能力、团队协作能力兴趣爱好特长等。

（5）所获荣誉：包括三好学生、优秀团员、优秀学生干部及奖学金等方面所获得的荣誉。

（6）求职意向：根据自己的爱好、兴趣和特长，适合从事的工作。

2. 个人简历的基本结构设计

个人简历的写法没必要千篇一律，采用一样的格式，但不管如何布局安排，都要层次分明、简洁明了、突出重点。通常情况下求职者多采用的是开始部分、中间部分和结尾部分的写作方式。

（1）开始部分包括标题、姓名、年龄、学历、健康情况、联系地址、求职意向等一些个人基本情况。

（2）中间部分主要陈述个人的求职资格和所具备的能力等，这部分主要包括专业知识和工作经历及能力两部分。专业部分包括自己所学的专业和业余所学的专业及特长、自己所受教育的阶段、具体所学的课程等；对于教育背景的陈述，要突出与招聘工作密切相关的论文、证书与培训课程等。经历和能力主要是为了表明工作经历尤其是与求职目标相关的工作经历，一定要说出最主要、最具有说服力的资历、能力和工作经历。

（3）结尾部分多是提供证明自己资历、能力以及工作经历的证明材料，其中也包括介绍自己的一些补充材料。补充材料可以列在另外的附页上。

3. 个人简历编写的基本要求

（1）形式内容要完整

一份完整的履历有形式上的完整和内容上的完整两个基本的要素。形式上的完整，即整个履历要一气呵成，写作排版要均匀分布，疏密有致，给人赏心悦目之感。内容上的完整是指简历的四大基本要素不可或缺，即个人状况、教育背景、工作经验、其他专长。要做到个人状况简洁明了，教育背景争取对应，工作经验详略得当，其他专长真才实学。

（2）自身优势要突出

简历中有几栏是用来给对方留下深刻印象的，也是决定对方是否给予面试机会的关键。如何写好这几部分的内容很重要，要从以下几个方面着手：

成绩——以骄人的业绩去打动未来的领导或雇主。要注重对行动和结果的描述，集中对能力进行细节描写，运用数字、百分比或时间等量化手段加以强化。

能力——对各方面能力加以归纳和汇总，扬长避短，以无可争议的工作能力和个人魅力来征服未来的领导或雇主。

个人经历——应当包括在大学中所有的经历，在保证真实性的前提下，尽量扩充丰富，但用词必须简练，并注重对成绩的阐述，注意细节。

技能——列出所有与求职有关的技能。回顾以往取得的成绩，对自己从中获得的体会与经验加以总结归纳。

嘉奖——嘉奖是对在学习和工作中出色表现的肯定。简历中的大部分内容是经历和成绩的主观记录，而荣誉和嘉奖将赋予它们实实在在的客观性。

（3）繁简尺度要把握

简历犹如个人素描一般，少一笔难详尽真实，多一笔会流于冗繁。只有合理掌握繁简，才能步入面试的殿堂，要力求做到简洁精练、重点突出。

（4）对症下药来设计

尽量避免把简历写得平淡无奇，换句话说，不要千篇一律。面对不同的公司、不同的岗位，永远只投递相同的一份简历，这样的简历是最不受招聘单位欢迎的。简历必须讲究针对性，内容和形式要看应聘单位性质、工作性质和面试人情况而定。如果能针对不同的公司表现出不同的关注和兴趣，让别人感受到真诚，毋庸置疑，简历一定会脱颖而出。

4. 电子简历的设计技巧

电子简历又分网上个人简历和个人求职主页。因特网已经成为人们寻找工作的一个重要工具，通过 E-mail 发送简历也越来越多见。电子简历不如打印装订的简历那样有吸引力，但在网络的环境下它非常富有效率，有利于树立一个"你熟悉计算机及网络技术"的形象。

一般在招聘网站上都有关于个人电子简历的写作方法和技巧，而且有简历中心之类的个人简历填写制作服务系统，只需在其指定的简历格式中根据要求填入个人信息即可，当然也可以自己设计制作简历，当选中招聘网站上的招聘单位时，可直接用 E-mail 发给招聘单位。

如果在计算机方面知识比较丰富，条件允许的话，可以自己制作个人求职主页。现在有很多网站上可以直接免费制作个人主页。保留在因特网上的个人主页，除了外观要吸引人以外，网页简历中有关业绩能力、工作经历、荣誉奖励、求职意向几栏要给对方留下深刻的印象，这是决定对方是否给求职者面试机会的关键。在制作好个人主页的同时，写好上述几部分的内容十分重要。

发任何简历都应该写求职信，这是被许多求职者忽略的原则。求职信中的关键词也是很重要的，有些公司会通过搜索关键词来寻找符合他们条件的人选。

二、自我推荐

毕业生与用人单位进行"双向选择"过程中，要经过一个互相认识、互相了解、互相认可的阶段。对于毕业生而言，在认识、了解用人单位的同时，也要让对方了解、认识、选择自己。为了达到这一目标，就需要利用各种途径和方法来宣传自己、展示自己，这就是"自荐"。自荐是一种才能，也是一种艺术，具备了这种才能，毕业生就能争取到面试的机会，进而顺利地求职择业。

（一）常用的自我推荐的方法

1. 口头自荐

求职者亲自到用人单位或招聘现场，毛遂自荐，自我展示工作实力。口头自荐的优点是，可直接在招聘者面前展露才华，给人留下深刻印象，甚至现场录取。其不足是涉及面有限，若不了解用人单位地址或路途遥远，将很难实现自荐。

2. 书面材料自荐

这是采用书面形式来表现自己的一种方式，大多通过邮寄形式来实现。这种方法的优势是，准备得充分，覆盖面广，不受时空限制。

3. 电话自荐

是指通过电话这种快捷、方便的通信工具来推荐自己的一种求职方式。一般是求职者看了招聘广告之后，根据其刊登的电话号码和联系人姓名，询问有关事宜。求职电话打得好，往往能给招聘单位良好的第一印象，并且可以通过传真发送书面材料。

4. 网络自荐

许多学校的就业指导中心和人才中介机构都建立了就业信息网站，邀请用人单位在网站上发布招聘信息，允许学生随意调阅选择。现在毕业生求职自荐越来越多地利用互联网络，不但方便快捷，易于抓住先机，也能向用人单位展示自己的电脑操作技术。

5. 特殊推荐

学校推荐实际上是一种间接的自荐方式。学校方面在与用人单位的长期交往中，建立了一种密切的、相互信任的工作关系，有较大的可靠性和权威性，所以较易得到用人单位的认可。通过老师校友、亲友推荐也是达到自我推荐目的的一种方法，他们的推荐容易引起用人单位的重视和信任，可帮助毕业生扩大自荐的范围，有助于自荐的成功。

（二）自我推荐的技巧

1. 准备充足的自荐材料

自荐信、个人简历、证明材料、学校推荐意见等要齐全、完整，不要有遗漏。这几种材料，虽然单独都能成立，但各自侧重点不同。缺了任何一个方面，自荐材料都不够完整。由于用人单位对求职者的要求不尽相同，自荐材料也应根据不同的需要而有所变化。例如，前往外事、旅游等部门求职，可另外准备一篇外文自荐信；去少数民族地区择业，能用民族文字撰写自荐信则效果更佳。另外，自荐材料的份数亦应准备充足。

2. 选择恰当的自荐方式

自荐方式是多种多样的，选择恰当的自荐方式，在求职择业过程中无疑是十分重要的。就每一个求职择业的大学生而言，究竟采用何种自荐方式，首先应当从自己的实际情况出发。例如，善于语言表达且会一口流利标准普通话的求职者，采用口头自荐似乎更能打动人心；倘若能写一手隽秀的汉字和漂亮的文章，则选择书面自荐更能显示出求职者的魅力。当然，选用哪种自荐方式主要还要看用人单位的需要，对招聘播音员、节目主持人的用人单位来说，口头自荐显然更受重视。招聘文秘职员的用人单位，则可能希望求职者先呈递书面的自荐材料。此外，自荐材料递送方式也应注意。一般来说求职者亲自到用人单位或招聘现场当面呈递自荐材料，则也许易于加深用人单位对自己的印象，从而增强求职者成功的可能性。

3. 运用技巧、展示优势、求得认同

灵活掌握自我介绍的一些基本技巧，显然有助于顺利打开求职的大门。自我介绍时，应注意以下几个方面：

（1）积极主动

自荐是求职者的主动行为，任何消极等待都是不可取的。自荐信、个人简历等自荐材料的呈交、寄送要尽量及时。在了解到需求信息时，更不能迟疑，否则就可能坐失良机。为使用人单位更全面地了解自己的情况，事先应做好各种自荐材料的准备，不等对方索要就主动呈交，不等对方提问就主动介绍。呈交、寄送自荐材料后，不要消极等待，而应主动询问结果。

（2）重点突出

在介绍自己时，应重点突出自己的能力和知识，本人基本情况家庭情况点到即可。对于自己的专长、经验、能力、兴趣等，可以详细介绍。为了取得对方的信任，有时还要举例说明。比如，大学期间发表过的论文，获得的奖励，承担的社会工作或某些工作经验、社会阅历等。要突出自己的优势和闪光点，因为与众不同的东西，可能就是个人魅力所在。平铺直叙，过分谦虚，有碍用人单位对自己的全面了解和正确评价，容易将自己埋没在求职的大军之中。

（3）如实全面

介绍自己各方面的情况时一定要实事求是，优势不羞谈，缺点不掩饰，客观全面，不能吹嘘或夸大，尤其是在介绍自己以往学习、工作上所取得的成果

时，一定要恰如其分，否则，将适得其反。同时，自我介绍材料要全面、完整，个人基本情况、社会关系、工作简历、学习成绩、业务特长及爱好，缺少其中任何一项都会给人一种不全面的感觉。自荐信、推荐表、个人简历、证明材料一应俱全，才能给人以系统全面的整体印象。

（4）有的放矢

即针对用人单位的具体要求，强调自己的社会经验和专业所长，这样才能使招聘者相信自己就是最理想的应聘者。比如，用人单位招聘文秘人员，介绍自己如何具有公关能力，就不如介绍自己文史知识及写作才能；用人单位招聘科研人员，展示自己的语言才能，就不如介绍学业成绩和科研成果来得实在；用人单位招聘管理人员，学生干部经验及组织管理才能可能会更受重视。强调针对性的同时，也不能抹杀相关知识才能的作用。专业特长加上广泛的知识面和兴趣爱好往往会更受用人单位青睐。

总之，自我介绍既要积极主动、重点突出，又要有的放矢、如实全面。只顾如实全面，就会成为流水账，缺乏吸引力；只图闪光点，难免会有哗众取宠之嫌。只有综合运用以上各点，才能有助于实现自己的就业志愿。

（三）网上自荐的方法技巧

1. 查找求职网站的技巧

毕业生通过计算机上网，可以查找招聘网站。可以在国内比较有名的搜索网站中直接查找关键词"招聘""应聘"或"求职"等，比如，在搜狐或新浪网中的搜索项中直接输入上述关键词进行搜索。如果知道招聘网站的话，也可以直接在浏览器的地址中打上网址。

2. 用 E-mail 发送个人简历的技巧

现在不少大公司的人事管理部门每天都收到大量通过电子邮件发来的个人简历，这其中有相当多的简历不够规范。在通过互联网求职时，为了使个人资料得到应有的重视，不至于淹没在成批的电子文件中，应该注意以下几点：

（1）网上求职时主要精力应该放在拥有人才数据库的招聘网站上，要把简历放到他们的数据库中。因为用人单位会来这些网站浏览或要人。用人单位带着明确的目的来找人，这要胜过自己向大量单位无目的地发放个人简历。

（2）毕业生可以有选择地向用人单位发送自己的简历，但是特别要注意：

在发简历的时候，应该注明申请的是何职位，并应该了解自己能否胜任这个工作。

尽量不要把简历用附件的形式 E-mail 给招聘单位，以防收件人有时因为种种原因无法打开附件。

用 E-mail 发出的简历在格式上应该简洁明了、重点突出，因为公司通常只看他们最感兴趣的部分。另外还有一个办法就是把制作精美的简历放到网上，再把网址告诉给对方。

为了使招聘单位了解自己申请的是哪个职位，并对自己有更多的印象，发简历的时候，都应该写一封求职信并同时发出。发任何简历都应该写求职信，这是被许多求职者忽略的原则。求职信应该有足够的内容推销自己，但要控制长度，不要让别人为了看信和简历把屏幕翻好几遍；注意措辞和语言，信中千万不可有错别字；求职信和简历要一同发送，不要分开；信中有关键词也是很重要的，有些公司会通过关键词搜索、寻找符合他们条件的人选。

（3）有些求职者在发送简历给用人单位后总是不断询问结果，其实这是不受欢迎的，因为有些用人单位每天都会收到大量的个人简历。一般来讲，每隔一到二周询问一次是比较合适的询问的时候，表示对他们的职位仍然感兴趣，并可以再次简短介绍一下自己的专业特长和社会经验。

三、笔试

通常笔试主要适用于一些专业技术要求很强、对录用人员素质要求很高或应试人数较多、需要考核的知识面较广以及需要重点考核文字能力的单位，如录用公务员的国家机关、新闻类的用人单位，它们经常通过笔试来决定对某个求职者是否录用。因此，求职者不可小视笔试，必须认真对待。

（一）笔试的种类和方法

1. 笔试的种类

（1）心理测试

这种方法的测试很简单，主要是一些特殊的用人单位通过测试来了解和判定应试者的心理水平或个性差异，以及每个人的智力、动机、兴趣等心理素质。一般的测试形式有填空、是非判断和选择等。

（2）专业考试

这种方法主要是用人单位为了了解应试者的文化知识水平而设置的。但由于我们的大学毕业生都经过了深造，所以用人单位一般通过看大学成绩单就能了解。一些专业性要求比较高的单位则会通过笔试的方式来考核应试者。值得关注的是，现在愈来愈多的企事业单位开始使用这种考试形式，比如很多外资企业会在招聘时要求应聘者考外语、计算机等。这些都必须要求应聘者要有良好的基础知识和技能水平。

（3）论文写作

用人单位通过作文的形式来检验应聘者的文字表达能力、分析、归纳问题的思维能力等，这是对应聘者思考问题严密性深刻性程度的考查。应试者对作文审题要果断正确，扣住作文题目的关键词，确定写作中心。写作提纲要反映出文章的基本思路、段落层次等。

2. 笔试的方法

常见的笔试的方法有以下几种：

（1）测试法

测试法是一些具体方法的总称，比起作文法和论文法，它运用得最多，在一些国家，甚至是唯一的考试方法，如美国的托福考试、GRE 考试等。常见的测试方法有填充法、是非法、选择法和问答法。这些方法常常是相互交叉的，比如选择法同时也是辨别是非的方法，所列举的多半是简单形式，它只要求用几个词，甚至一个符号作答。同时也有需要死记硬背的内容。

（2）论文法

这种方法在我国已有较长的历史，在招聘选拔人才的笔试中曾被普遍采用过。这种方法与测验法的明显不同是，它可以使受试者作出自己的答案。如果说测验法是封闭性考试或识别性考试方法的话，那么论文法则是开放性考试或表达性考试方法。论文测验的内容，主要是应聘者对职业选择的具体问题作出回答，对某种现象作出分析或写出感想。事故分析、对公司或经理的评价、读后感等都属于论文测验性质。论文测验远比简单的测验题更能判断一个人的水平，其缺点是评分难以制定出切实的标准答案，容易渗入主观因素。在解答这类题型时应该读透题意，作出全面解释。

（3）作文法

作文笔试法是我国的传统考试方法，就是让应聘者根据考试者提供的一定条件，在一定的范围内作文。考试者按作文的构成因素、区分项目，分别给分，然后给予综合的评定。这里要注意，由于文字书写、用词语句的正误，往往易于形成印象，吸引注意力，因而也就易于左右分数。所以应聘者在进行作文考试的时候，一定要在主题表达清楚的同时，对字、词句以及标点符号认真对待。

（二）笔试的准备

1. 笔试的知识准备

要在笔试中取得好成绩，关键在于牢固地掌握所学知识。从考试准备角度讲，知识可分为两大类：一类是主要靠记忆掌握的知识，另一类是必须通过不断地运用来掌握的知识。从用人单位的角度来看，主要目的是考核应聘者对所掌握知识的运用能力。因此，在复习过程中一定要将知识运用到实际具体问题的解决中去，学以致用。

要做好笔试的知识准备，需要注意以下几个方面：

（1）制订周密的计划

在系统复习前，制订一份合理的、具体的、切实可行的复习计划，掌握一个实用、有效、科学的记忆方法，无疑会为应聘笔试打下成功的基础。对考前复习的情况进行具体分析，包括需要复习的内容，自己掌握知识和能力的情况，妥善安排复习时间和内容，不仅要有总的复习目标，还应有阶段性的目标。复习计划中的复习活动要多样化，各科复习交替进行。要有张有弛，劳逸结合，防止过度疲劳，以充沛的精力确保复习计划的执行。

（2）合理地分配和运筹时间，讲究效率

不要长时间对着书本，这将引起视觉疲劳。对感兴趣的科目读的时间长了，也会使大脑神经迟钝，影响整体效果。要安排好大脑活动程序，学会科学地考虑和分析问题的方法，不要不分轻重缓急一把抓。保证睡眠充足，不但能有效地消除大脑疲劳，而且也是对脑细胞的一种保护。

（3）学以致用，理论联系实际

现在的求职考试越来越强调用学过的知识来解决实际问题，具有很强的实用性。实际上，现在应聘考试主要是考应聘者对知识的运用能力。因此，在复习过程中必须始终突出一个"用"字，通过各种实践，把学得的知识运用到工作实际中去解决各种具体的问题。

（4）提纲挈领，系统掌握

在知识与能力这两者中，知识无疑是基础，没有扎实的基础知识，能力的培养和提高也就无从谈起。掌握知识的一个有效方法就是把零散的知识化为系统的知识。但是应聘笔试往往范围大，内容广，使考生在复习时无从着手，应首先打破各学科的界限，认真梳理各要点，整理成一个条理化、具体化的知识系统总纲目，然后有计划、有针对性地进行复习。一般来说，凡是与求职有关的一些知识，如文史知识、专业知识、经济知识、法律知识和一般的电脑知识，均要系统地复习一遍。

（5）多读多练，提高阅读能力

提高阅读能力，对扩展知识和回答应聘考试的各类问题很有益处。因为许多知识学过了，但不一定就会用，还必须经过相互的联系，才能真正理解消化。复习时经常做一些阅读训练，有助于阅读能力的提高。在做阅读训练时，对每个问题都仔细揣摩，认真思考，分析比较，综合归纳。切不可只图数量，赶进度，也不能光看答案，不求其所以然。否则，练得再多，也提高不了自己的阅读能力。

（6）正确理解，提高语言转换能力

应聘笔试中一项极其重要的考试，是把阅读理解的内容用自己的话表达出来，这在阅读考题中叫"语言的转化"。这种转化有三种形式：① 把题中比较抽象、概括的话作出具体的叙述。② 把考题中的具体阐述恰当地加以概括。③ 把考题中比较含蓄的语言加以明了和正确的阐述。显然，要将考题的含义换成自己的语言，并非一件易事，因其含有更多的思维加工成分，而这正是检测阅读水平高低的一个重要方面。

（7）敏锐思考，提高快速答题能力

为了适应招聘考试中的题量，还应该尽快培养自己快速阅读、快速思维和快速答题的能力。因为现代阅读观念不只着眼于信息的获取，而且还特别重视速度。所以在准备笔试的时候一定要提高做题速度。

2. 保持良好的身心状态

从某种角度上来看，影响一个人能否成功的重要因素，不仅在于他所具有的知识、能力，还取决于他的心理素质水平。虽然对大学毕业生来说经过了许多大大小小的考试，对于考试时所应具备的心理状态应该是十分清楚的，但由于求职中的笔试往往是用人单位录用与否的一个重要参数，因此有些学生难免会对笔试产生一定的顾虑和担心。良好的心理素质对考试的成绩非常重要。要使自己处于一个良好的心理准备状态，应从以下几方面着手：

（1）树立自信心

在笔试中，自信心的多少往往会导致一场考试的成败。当应试者始终保持自信心时，会在每场考试中都充满了信心；而这种良好的心理状态会激发与挖掘出一个人潜在的能力，从而使应试者表现得更为出色。

（2）克服怯场心理

在参加笔试过程中，由于考场的情绪与紧张气氛的强烈刺激，引起应试者考试情绪高度紧张与胆怯，使正常的答题及思维中断，这种心理现象称为考试的怯场现象。预防怯场主要是消除紧张的情绪，因此，考生在考试前要客观、正确地评价自己，树立信心，克服自卑；做到扬长避短，为考试做好心理上的充分准备。

（3）保持良好的生理状态

复习阶段在饮食方面应合理搭配，摄取充足营养，保证身体各组织机能的正常工作。但考试前不能吃得过饱过好，不要吃不易消化的食物；否则会引起自身器官不适，从而降低大脑的工作效率，影响考试成绩。

考试前要有足够的睡眠，使考试时有充沛的精力和良好的竞技状态；决不能临时抱佛脚，通宵达旦地复习，进而影响考前的正常休息。一旦没有睡好，可以在考试前喝一些咖啡、浓茶等进行体力补充。保持生理上良好的竞技状态，是考试成功的基础。

（4）带好必需的考试工具

考试前检查一下是否带上了必备的证件，如准考证、身份证、钢笔、橡皮等。同时，要熟悉考场注意事项等，对整个考试要求有一个总体印象，并尽量按要求做好。

（三）笔试的答题技巧

1. 先易后难，先简后繁

笔试题目多，内容多，又要限时答好，必须合理安排答题时间。拿到考卷，要看清注意事项、答题要求，了解题目类型、分量轻重、难易程度，根据先易后难、先简后繁的原则确定答题步骤。

2. 精心审题，字迹清楚

在具体答题时，必须认真审题，切实弄清题目要求，逐字逐句分析题意，按要求进行解答。书写时，做到字迹清楚，卷面整洁，格式标点正确，不写错别字。

3. 积极思考，回忆联想

有些试题的设计，从理论和实践两方面检查考生的基础知识和技能，并以综合运用为主，检验考生的实际水平和学习灵活性。

因此，有的试题是具有一定难度的。考试时要积极思考，努力回忆学过的知识并进行联想，将已学过的内容相互联系起来比较分析，积极思考，找出正确答案。

4. 掌握题型，答题精细

要了解各科考题的特点，熟悉每种题型的答题方法，防止出现不必要的差错。答题必须看清题目要求，先找出关键词，理解题意，再认真仔细地做，确保正确无误。

四、面试

面试是用人单位在与求职者的实际接触中观察求职者的形体相貌、思想素质、知识才能、思维方式以及特长等方面的一种形式。

大学毕业生能否在面试过程中表现出良好的综合素质，将会左右考官对求职者的印象。同时，面试发挥出色，可以弥补笔试或是其他条件如学历、专业上的一些不足。在大学生求职的几个环节中，面试也是难度最大的，因为缺乏经验，面试常常成为一道难过的坎儿。大学毕业生如何正确把握机遇，闯过面试这一关，就成为能否被用人单位录用的关键。

（一）面试的种类和内容

1. 面试的种类

按照提问的方式分，面试的种类主要有以下几种：

（1）模式化面试，也称为程式化面试。是由考官将预先准备好问题的有关细节对应试者进行发问，其目的是观察应试者的谈吐、行为等，从而达到全面、真实地了解应试者的目的。例如：你为什么想来我单位工作？你认为你的弱点和强项是什么？

（2）问题式面试。是指由考官提出问题或工作计划，请应试者来解答或完成，从而观察应试者在特殊情况下的反应能力，用来判断应试者解决具体问题的能力。例如：你用什么标准来评价你为之效力的公司？你计划怎样实现你的职业目标？

（3）非引导式面试。指考官与应试者的交谈没有一个中心话题，而是随意发表议论，气氛非常活跃；同时考官也可以在闲聊中观察应试者的知识面、能力、谈吐及风度等。

（4）压力式面试。是指考官有意识地对应试者施加一定的压力，针对某一问题进行一连串的提问，甚至让应试者无法回答。主要目的是观察应试者在突如其来的环境下，能否克服外界压力而作出正确的反应，并以此来判断应试者的机智程度和应变能力。例如：你为什么到现在还没有找到工作？你为什么迟到（其实你是准时到达面试地点的）？

（5）综合式面试。是指考官采用多种形式综合考察应试者的诸方面才能。如用英语对话、做心理测试题、进行即时演讲、现场操作电脑等。

上述几种面试种类，在实际的面试中由用人单位自行选择一种适宜的方式，或同时采用多种形式。其目的是更全面地了解应试者，从而吸收最优秀的人才。

按照面试发展的阶段分，面试主要划分为：

（1）初试。初试，顾名思义，是对所有求职人员进行初步的筛选，筛去那些明显不具备基本应聘岗位条件的求职者。

一般来说，正规的初试都由受过专门训练的人事主管主持。初试一般只是为了观察求职者的形象、言谈举止，检查他的履历、求职信所反映的实际情况等，很少更深入地了解求职者的个性、能力和潜力。

（2）复试。复试又称选拔性面试。对于顺利通过初试的人来说，复试是初试与录用面试之间的阶梯。复试是为了对初试通过者的学识、能力、责任感、事业心等做一番深入的了解和探索，以确定对方是否是最合适的录用对象。一般在复试阶段，面试者与被面试者之间的关系不像初试那样疏远和严肃。复试时，问题的覆盖面很广，气氛比较自然和活跃。面试者常提出一些开放性问题，以观察求职者的想象力及自我阐述的能力。

复试因人才及职位要求的具体情况，有一次完成选拔，也有三番五次在业务主管、部门主管、人事主管甚至高级官员主持下进行。

（3）录用面试。用人单位如果认为求职应聘者已具备或基本具备任职条件，将与求职应聘者，针对一些实质性具体问题，如专业工作部门、工资、奖金、福利、试用期、培训等条件，进行协商，并力求作出一个使双方都满意的录用方案。此时的选择更是双向的，不仅是被用人单位接受，而且要决定如何接受招聘者。

以上三类面试，越来越多地在国内三资企业及涉外单位的招聘中采用。

2. 面试的内容

面试中，招聘者通过观察、提问、交谈、测试来了解、判断求职者的文明修养、形象气质、知识水平、表达能力、应变能力、心理素质、敬业精神等等，其目的是加强对应试者的考察，考察应试者是否适合他们的需要。常见的面试内容包括以下几个方面：

（1）背景。主要考察毕业生的个人情况，如年龄、籍贯、民族、性别、身高、视力、健康状况家庭主要成员及社会关系、文化程度、毕业学校、所学专业、接受过哪些培训、从事过哪些工作、参加过哪些社会活动等等。

（2）智商。主要考察毕业生的知识层次、专业特点、课程设置、学习成绩、外语和计算机水平等。

（3）业务能力。主要考察毕业生论文（设计）以及实践能力、操作能力、组织领导能力、口才文笔等等。

（4）情商。考察应试者的人生观、价值观、敬业精神、人际关系、适应能力、处理压力的能力和自我激励能力等。

（5）形象。考察毕业生的相貌、言谈、举止和仪表等。

（二）面试前的准备工作

1. 心理的准备

（1）要有正确的自我评价

每个人都知道"天生我材必有用"，但只有用在恰到好处时"方能英雄大有用武之地"。要正确评价自己，必须从社会需要和发挥个人特长的相互结合上下功夫；只有充分认识、了解自己的兴趣爱好、能力，才能知道什么样的职业岗位更适合自己，做到既不眼高手低，也不无所作为。

（2）要增强自信心

信心是一个人迈向成功的第一步。面对强手如云的求职竞争，不少毕业生在面试过程中缩头缩脚，过于拘谨，往往因此错失良机。"真正的英雄并非没有胆怯的时刻，只是他能设法不让怯懦征服自己。"应坚信一个有信心的人在竞争中始终是能够占据上风的。

当然，要注意的是自信不等于自大。有些毕业生毕业于名牌大学、热门专业，具有一定的才华能力，自然会受到用人单位的赏识。如果因此而傲慢自负，过于自信，把自身的优势当作与对方讨价还价的筹码。这样的应聘者，即使再优秀也不会赢得考官的高分。

（3）要树立竞争意识

现代社会到处充满了竞争，对于一个求职者来说，面对各种情况，应控制好情绪，理智地去应对，不要怀疑自己的能力，不要在考官面前战战兢兢。竞争社会给人的机会是均等的，但实际上机会往往偏爱具有竞争心理、有表现意识的人。

2. 面试资料的准备

（1）充分了解应聘单位和应征职位

面试一般都是求职者与用人单位的第一次直接接触和了解。知己固然重要，知彼也很重要。面试前一定要知道去应聘的单位主要业务、主要竞争对手等情况，所应征职位的工作内容；同时，还应该了解自己，清楚在哪些方面适合这个职位。如果能很详细地回答出公司的历史、现状主要产品，面试者会高兴，会认为求职者对其单位很重视，也有信心。

（2）准备好自荐材料

自荐材料一般包括学习成绩材料（包括英语和计算机等级证书等）、荣誉证书、成果证明材料（如在报刊上发表的文章、论文，有一定价值的科研成果报告等）、素质能力的证明材料（如汽车驾照技能鉴定证书）及个人简历、求职信、推荐书等。

3. 回答面试问题的准备

面试问题的准备，主要是对面试中可能提出的问题如何回答进行准备。不少大学生在面试前怯场、紧张，主要原因就是不知道面试中会提什么问题，怎样回答，心中无数。在做面试准备时，把用人单位考官提出的问题想得过于难，把精力都放在了高难度问题上，而忽视了基础性的理论和技术知识。因而在应聘面试时，对容易的基础知识考题反而会出现差错。在有限的时间里做应聘面试准备，应当了解自己所要应聘的用人单位的情况，尤其是对用人单位招聘的工作岗位是否适合自己，一定要做到心中有数。有针对性地温习和查阅有关基本知识，特别是自己所应聘职位的相关资料。此外，还应准备一下考官可能提出的比较常规的问题。尽管不同的用人单位和主试者所提的问题不同，但是大体提出什么问题仍是有一定规律可循的，并可模拟正式面试的情景进行演练。

4. 向招聘人询问的问题准备

在准备向招聘人询问的问题时一定要注意：第一，把问题限制在询问应聘单位职位的范围内，在招聘告示、单位介绍中已有的内容，主试者已经介绍过的内容不要提问；第二，在开始阶段回避敏感性的问题，如工资、福利等个人要求；第三，不要问特别简单或复杂的问题。

5. 形象与礼仪准备

第一印象的好坏，往往会影响面试的效果，甚至会失去一次理想的就业机会。因此，在准备面试时，可以事先花一点时间去思考如何包装自己，努力在面试中给对方留下良好的第一印象。

着装应与应聘的岗位相协调，想好同所申请的职位相吻合的"道具"，浑身上下要能反映出对所申请的职位的理解程度。一般说来，着装越是能接近于所应聘企业员工的服装，主试者就越可能将应聘者看成是"我们中的一员"。衣服不要穿得太显眼，以免主试者的注意力被吸引到衣服上面不是应聘者本人上。着装应该相对保守、传统和普通一点。千万不要忽略细节，要尽量避免鞋子不擦，头发蓬乱，服装搭配不当，饰物过度显眼等现象的出现。

6. 面试准备的注意事项

（1）提前到达

迟到乃面试大忌之一。主试者不会喜欢没有时间观念的人，最好提前十分钟到达现场。若未去过面试地点，应事先将交通路线中可能出现的如堵车等问题考虑在内，早点出发，以保证万无一失。提前到达，除了将有充分的时间填写表格及申请之外，还能放松自己，以良好的状态进行面试。

（2）不攀高枝

面试时不可以为自己家中有人与用人单位的负责人有某些特殊关系而有恃无恐，更不能拉关系、托人情，这样易引起其他人的反感；即使通过这种关系进入了用人单位，以后也难以与同事友好相处，难以打开工作局面，使自己陷于处处被动的境地。

求职面试最好不与亲友、父母共同前往。如果有人陪同一起去，也只能让他们在外面等，否则用人单位会认为没有能力，缺乏独立性和自信心。用人单位需要的是很快能胜任工作、独当一面的人才。另外，与同窗相约去某一单位参加面试，会产生"自相残杀"的副作用。

（三）面试的技巧

1. 面对主试者的策略

（1）文明礼貌，不卑不亢

大学毕业生在面试时，应懂得起码的社交礼仪，无论面对何种类型的主试者，都应注意礼貌，但也不能过分热情。有些应试者为了达到被录取的目的，对主试人员大献殷勤，对招聘单位极力吹捧，这样的应试者，成功的机会很少。任何单位都是希望挑选一些有作为、能为单位发展作出贡献的人，谁也不愿接收溜须拍马、卑躬屈膝的人。

（2）因人而异，区别对待

主试者的身份各异，他们的用人观念和价值标准也不同，因此面对不同的主试者，要采用不同的方法。如果主试者是技术干部，他就可能注重专业知识和技能；如果主试者是人事干部，他就会注重应试者的社会意识和处世能力；如果主试者是领导干部，则注重应试者的合作精神办事能力和应变能力，为取得面试成功，求职者可事先了解主试者的身份，尤其要注意主试者的性格差异再采取相应措施，若在面试前未能了解到他们的情况，可向面试完的同学咨询。

（3）掌握面试考官的基本心理特征

掌握面试考官的基本心理特征，有准备、有针对性地参加面试，对提高应试的成功率是大有好处的。应试者应当掌握面试考官的三个基本心理特征：最初印象和负面加重倾向、雇佣压力和暗示、赏心悦目。

最初印象和负面加重倾向：有研究表明，至少有 85%的考官在面试真正开始前，已根据应试者的应聘资料对其产生了最初的印象。最初印象对面试的过程和结果起着十分重要的作用。根据心理学的原理，如果给人留下的最初印象不好，那么要改变这种印象将是很困难的，这就是负面加重倾向的作用。了解了考官的这一心理特征，我们就应当认真准备自己的应聘资料，尽可能让自己的缺点和不足被优点和特长所掩盖。当然更不要因为自己的穿着打扮与面试开始时的一举一动而给考官留下糟糕的印象。

雇佣压力和暗示：雇佣压力指考官面临完成招聘任务的压力。考官的雇佣压力对应试者来说是个机会。当然，应试者较难知道考官的雇佣压力，但是，在面试中，考官完全可能无意识地流露出这种情绪。由于急于完成某岗位的招聘任务，考官可能无意识地用暗示来表现这种情绪，甚至主动引导应试者正确回答问题。比如，他们会说"在外语上，你应该没有什么问题吧？"等等。再如，考官认为回答正确时他会面露微笑，或轻轻地点头。不失时机地把握考官的雇佣压力，及时地接住暗示，做个聪明的应试者。

赏心悦目：这里所说的赏心悦目不仅是指应试者的穿着打扮，更强调的是求职者在应试时的眼睛、面部表情。那些善于用眼睛、面部表情，甚至简单的小动作来表现自己情绪应试者的成功率，远高于那些目不斜视、笑不露齿的人。

2. 掌握倾听的技术

注意倾听是一种重要的信息交流技巧。面试的实质就是主试者与应试者进行信息交流从而获得全面评价的过程，形式上充分体现在"说"和"听"上。应试者注意倾听，不仅显示对主试者的尊重，而且要回答主试者的问题就必须注意倾听，只有通过专心致志地倾听，才能领会问题的实质，否则就可能不得要领，答非所问。

在面试中目光要专注，要有礼貌地注视主试者，并且要不时地与主试者进行眼神交流，视线范围大致在鼻以下胸口以上，千万不要东张西望；尽量微笑，适时爽朗的笑声可使气氛活跃；可以用点头来对主试者的谈话作出反应，并适时说些简短而肯定对方的话语。如：对、可以、是的等。

在面试中，应试者除了注意倾听面试者的提问，同时还要注意察言观色，细心、敏锐地捕捉到有价值的信息。根据其体态的变化，了解主试者的内心活动以及对自己的认识和态度，从而做到知己知彼。有针对性地回应，变被动为主动。

3. 准确、灵活的语言表达

准确、灵活、恰当的口语表达，是面试的关键环节。如果各方面条件都不错，但由于表达能力差，不能将所要表达的内容充分表达出来，主试者会因难以了解而不录用。语言表达技巧有两个方面的要求，一是要做到表达清楚准确，通俗易懂；二是要做到富有美感和吸引力。应试者在谈话中应着重掌握以下几种语言表达技巧。

（1）简明扼要，通俗朴实。面试中的交谈，受时间和内容的限制，不同于平时闲聊，决不可漫无边际的"侃"。说话简明扼要，就是用最少量的话语传递尽可能多的信息。应试者的语言要通俗易懂，朴实无华。如果应试者的言语不通俗朴实，主试者就可能听不懂，就无法理解谈话的内容，从而影响评价。

（2）要善于运用生动形象和幽默风趣的语言。生动形象、幽默风趣的语言有助于增强语言的吸引力，融洽和活跃谈话气氛。在面试交谈中，应试者要注意避免使用枯燥乏味、干瘪呆板的语言，尽量使自己的语言生动形象、富有情趣，给主试者以感染力，增强好感和信任。

（3）注意谈话的语速。面试时谈话的节奏快慢，会影响语言表达的质量和效果。面试中，语速最好是不快不慢。一般来说，面试中的问答是平铺直叙的，如介绍自己的一些基本情况，谈谈对公司前景的看法等等。所以，没必要慷慨激昂，振臂挥舞。说话时注意句与句之间的间隔，给人以思路清晰，沉着冷静的感受。

4. 应答技巧

面试主要是"问"和"答"，在面试中，主考官经过一番精心策划巧妙地向应试者提出各种不期而至的难题，令应试者防不胜防。要应对这种局面要回答得体，就要掌握应答中的基本要领。只有掌握这些要领，才能够临阵不慌，应对自如。

（1）坦诚相待。在面试中，经常会遇到一些自己不熟悉、曾经熟悉但是现在忘了或者根本不懂的问题。面对这种情况，要保持镇静，不要表现出手足无措、抓耳挠腮、面红耳赤。知之为知之，不知为不知。面试遇到自己不知、不懂、不会的问题时，回避闪烁、默不作声、牵强附会、不懂装懂的做法均不足取，诚恳坦率地承认自己的不足之处，反而会赢得主试者的信任和好感。

（2）条理清晰。在重点面试中，主考官有时提出的问题过大，以至于一时不知从何答起。遇到这种情况时，一般来说回答问题要结论在先，议论在后，先将自己的中心意思表达清晰，然后再做叙述和论证。否则，长篇大论，会让人感到不得要领。

（3）切忌答非所问。面试中，如果对主考官提出的问题，一时摸不到边际，以致不知从何答起或难以理解对方问题的含义时，一定要采取恰当的方式搞清楚，并先谈自己对这一问题的理解，请教对方以确认内容。

（4）展现自我。面试就是要展现自己的优点，自我推销能力也相当重要。面试是向主考官展现个人能力的唯一机会，错过不可能重来。因此在面试的时候，过分谦虚反而无法让对方了解自己真正的实力。而自我推销，绝非滔滔不绝说自己多么精明能干多才多艺，而是要站在对方的角度来思考陈述的方式。也就是说，抛却过于主观的表达，以较客观的方式品评自我，期间可以加入别人曾给出的正面评价或赞美。

（5）沉着冷静。在压力面试中，一般是主考官有意在面试过程中逐步向应试者施加压力，以考察其能否适应工作中的压力。用特别尖锐的问题、一些令人气愤而又没有道理的问题或者有意让应试者感到左右为难的问题，考验应试者的应变能力，看其反应是否得体胸襟是否开阔、立场是否坚定、是否有主见等。因此在这种面试中，应事先有心理准备，切勿表现出不满、怀疑、愤怒，要保持冷静。这其实是在面试而不是实际情况，不要胡乱推测考官的不良目的，应表现出理智、容忍和大度，保持风度和礼貌。

（6）正确判断。首先，要注意识破主考官的"声东击西"策略。如，主考官问："你周围的人对这个问题有些什么看法？"你不要疏忽大意，不能信口开河，不要以为说的不是自己的意见，说出来就不会暴露自己观点。因为主考官往往认为，应试者所说的大部分都是自己的观点。另外，主考官可能采用投射法来测验应试者的真实想法。其次，要分析判断主考官的提问是在评测应试者哪个方面的素质和能力，有针对性地进行回答。

5. 提问的技巧

择业是双向选择的。在面试过程中，毕业生也可以向用人单位询问一些希望了解的事项。

（1）提出的问题要视主试者的身份而定。面试前最好弄清主试者的职务，要视主试者的职务来提问题；不要不管主试者是什么人，什么问题都问。这样会搞得主试者无法回答，引起主试者反感。

（2）应试者通常可提的问题。一般情况下，应试者可询问以下几个方面的问题：单位性质、上级部门、组织机构、人员结构、成立时间、产品和经营状况等；单位在同行业中的地位、发展前景、所需人员的专业及文化层次和素质要求；单位的用人方式、内部分配制度、管理状况、经济效益和社会效益等。

（3）要注意提问的方式语气。有些问题，可以直截了当地提出来，如贵单位人员结构，贵单位岗位设置等。有些问题，则不可直截了当地提出，而要婉转、含蓄一点，如了解求职单位职工收入情况和自己去了以后每月有多少收入等问题，可婉转地问："贵单位有什么奖惩条例？""贵单位实行什么样的分配制度？"等。因为这些问题清楚了，自己对照一下可能就会知道有多少收入。另外在询问时，一定要注意语气，要给人一种诚挚、谦逊的感觉。不可用质问的语气向对方提问，这样会引起反感。

（4）不提模棱两可、似是而非的问题。特别是提及职业、专业有关的问题，一定要确切，不要不懂装懂，提出幼稚可笑的问题。因为从提问中可以看出提问者的知识水平、思维方式、个人价值观等。

6. 树立良好的形象

（1）注意体语运用

准备好同选择的职业和身份相吻合的行为规范。很多毕业生求职面试时因为紧张，那些紧张的肢体语言全都表现出来，像腿抖手抖、说话带颤音，这些一定要注意避免。同时，还要注意纠正一些不好的习惯性动作，比如思考时手不自觉地放到嘴边，或是咬手指头，做沉思状。好的肢体语言应该是真诚、自然的微笑，并对视对方的眼睛，因为对方在问问题的时候，肯定也通过眼睛来观察。还要有良好的站、坐姿，合理正确的手势。面试时的细小行为最能说明一个人的真实情况。

（2）注意礼节礼貌

面试时的一举一动都会引起主试者的关注，稍微不留意，就会影响面试效果。比如面试时严禁抽烟、喝酒、嚼口香糖，否则，会给人一种漫不经心、不负责任的印象，是对待面试不严肃认真的态度。

面试成功与否，都要礼貌告退。当面试结束，考官若当场录用，说明面试成功，理应表示感谢；若考官没任何表态，则说明还需进一步考察，不要急于让对方考官答复，还应礼貌地告退；即使考官发出不录用的信息，也不能表现出气愤的样子，或出言不逊，没有礼貌。不管何种结果，都应有礼貌地告别，感谢对方给了一次面试的机会，要面带微笑，善始善终，给对方留下一个美好的印象。

（四）面试后的追踪

面试结束，应试者不能认为万事大吉。应试者要积极采取善后行动，设法让用人单位记住自己，抓住时机，趁热打铁，真正把握成功的机会。求职者仍有必要耐心细致地做完下列工作：

1. 保持联系，建立感情

面试结束，应试者一定要积极地与用人单位及主试者保持联系，建立交情。即使这次不被录取，下次还可以给予机会。一般在面试后的一、两天内，给某个具体负责人写一封短信，感谢他所花费的精力和时间，感谢他提供的各种信息。这封信还应该简短地谈到自己对公司的兴趣，有关的经历和自己可以成功地帮助他们解决的一些问题。感谢信是所有求职战略的必要工具。手写的感谢信是表达谢意的最好方式。面试主考官的记忆是短暂的。感谢信是求职者最后的机会，它能使求职者显得与其他想得到这个工作的人不一样。

如果两星期之内没有得到任何回音，可以与具体负责人联系，如果是落选了，不要生硬地质问对方。求职者应该虚心地向他人请教询问有哪些欠缺，以便今后改进。一般能得到这样的反馈并不容易。

2. 强化优势，争取试用

应设法让自己"引人注目"，让对方在难以取舍时能关注自己、重视自己，再次联系时，找机会把面试时没有准备到的信息资料、个人情况加以补充说明。向对方反复强调对你有利的信息，消除用人单位对自己可能有的疑虑，挽回面试时的失误。要诚恳表达敬业精神，充分显示自己的专业能力。

要利用多种渠道，想办法参加岗位实习。在实习中展示自我，不仅能够得到了解用人单位、熟悉工作岗位的有利机会，且还有利于用人单位对你的进一步了解。工作上要踏踏实实、任劳任怨、联系实际、学以致用，充分显示自己的专业能力，或表现出自己在工作中适应快、提高快的特点。以此获得对方的信任，争取试用以至录用。

3. 总结经验，弥补失误

面试结束后，应及时总结面试表现，或向同去的同学询问，或向有经验的师长求教，自己在面试中给对方留下的印象如何？回答提问时还存在什么问题？有哪些重要的情况遗漏了或没说清楚？回忆一下还有哪些失误，拿出对策，找出弥补的办法，尽快行动，争取主动。

古人云："胜败乃兵家常事。"就业面试也同样如此，当面试失败，没被用人单位录用时，绝不能气馁，更不能灰心丧气。因为做任何事不可能次次成功，事事如愿。一定要调整好心态，振作精神，认真地总结，冷静地分析失误的原因，为下一次应聘做好准备。相信经过自我评估并不断改进，下次面试一定会胸有成竹，令人刮目相看。

第三节　大学生就业机遇的把握

一、在就业信息搜寻阶段把握机遇

面对当今纷繁复杂、瞬息万变的信息时代，谁能够以最快捷的方式拥有最广泛、最准确、最有效的信息，谁就掌握了成功的最大机遇。高校毕业生的求职择业也是如此。积极、主动通过各种渠道去搜寻大量职业信息的人，就能把握选择的主动权，就能抓住最佳就业机遇。在求职择业过程中，机遇对每个人都是均等的，就看个人如何把握了。各种招聘人才的信息，每时每刻经过各种渠道在发布在传递，好比一条河流，信息是一朵朵浪花，求职者抓住了，就归自己所有。因此，当有价值的招聘信息、可能的就业机遇出现的时候，必须主动出击，以最快的方式作出反应，让对方知道自己、了解自己。毕业生要了解掌握的就业信息主要包括政策法规、社会需求情况、用人单位情况等。然而面对大量的千变万化，甚至是鱼目混珠的就业信息，部分毕业生感到茫然无措，要么陷入"盲目"，四方奔走，耗费大量的时间、精力和财力；要么陷入"盲从"，人云亦云，没有主见；要么寻找"捷径"，结果上当受骗等等。这说明，毕业生面对求职择业的信息有两方面的问题，一个是如何获取信息，另一个是如何遴选有效信息。既要眼观六路、耳听八方，又要善于捕捉、鉴别剔选；并谨防各种垃圾信息、陷阱信息、欺骗信息等。

（一）毕业生获取就业信息的渠道和途径

1. 学校就业指导中心

学校就业指导部门是给毕业生传递就业信息，帮助毕业生择业，为毕业生与用人单位牵线搭桥的"红娘"。他们长期与社会各界保持着广泛而密切的联系，而且经多年的合作，形成了稳定的供求关系，信息可信度高、针对性强。学校还通过举办的"供需见面""双向选择""毕业生就业洽谈会""用人单位招聘会"等方式给毕业生提供机会。

2. 社会人才招聘市场

我国各级教育、劳动、人事部门，近年来兴办了各级各类人才就业市场，这些政府人事部门设立的人才招聘市场，立足本地，面向全国，市场有完善的监督流程，确保了信息的合法性、真实性。毕业生要充分利用当地人事部门为他们求职而推出的服务措施，去参加各种招聘会，到人才市场查询就业信息等。

3. 个人的社会关系渠道

每人都有一张社会联系的网络，通过亲朋好友、老师同学等社会关系可以了解到社会上方方面面的需求。特别是同校的师哥师姐，经历相仿，志趣相通，他们提供的信息更有效、更合适。如果再进一步由他们向相关单位推荐，将增加成功的机会。

4. 个人实习实践

许多毕业生在学习期间就有在寒暑假打工的社会实践经历，此时不妨抓住实践的机会，了解一切适合自己的用人单位的信息。

5. 媒体渠道

这种途径的最大特点是受众面宽、传播速度快、形式活泼多样和信息传递量大。（1）报纸杂志。特别是各地的人才市场报、劳动力市场报等，在毕业生求职择业的不同时期除了发布用人信息、招聘信息、毕业生个人求职信息外，还适时发布就业形势分析和当年的就业政策、择业指导、应聘技巧等文章。（2）广播电视。各地广播电视台大都设有人才招聘或求职专栏，一般常年播出。毕业生应该从广播电视中更多地了解国家关于科教兴国产业政策、行业发展、地区倾斜、重点工程等大政策、大项目的信息，为自己制定择业目标、求职策略提供背景素材和参考依据。（3）互联网络。目前，教育部门、劳动人事部门、各级各类学校及部分中介机构都在互联网上开辟了专门网站，设有"就业政策""就业指导""人才数据库""人才导航""信息服务""推荐网址"等栏目。毕业生可由此快捷地获知用人信息。

（二）归纳、整理用人信息

获取信息的目的是使用。然而从各种不同渠道、以不同方式获得的信息，从形式到内容，从可靠性到有效性都存在很大差别。因此必须首先进行归纳整理，去粗取精，去伪存真，以便使用。从这个意义上说，对信息进行分析要达到以下三个目的：

一是审时度势，明确就业环境。就业环境是指与毕业生择业有关的政治、经济、文化等社会环境。经济发展、社会进步的速度决定毕业生就业的形势，尤其科学、文化、卫生、教育事业的发展对毕业生就业有更大影响。通过对信息的分类、加工、整理，要把握住社会经济等各方面的发展动态，并据此对当前社会总的就业形势和各行业、各层次人才的需求情况有个总体认识。因此，毕业生在求职择业中，要根据社会实际调整个人的预期目标，选定最适合自己的信息。

二是判断筛选，去伪存真。信息的价值首先在于真实性，因此分析信息首先要确定其真实可靠程度。要以不厌其烦的态度，通过一切可能的知情人，从不同的角度证实和澄清疑点，全面了解信息的真实性，尽可能多地掌握情况，避免人云亦云、轻信盲从。

三是分类排队，分清主次。尽管择业是一个复杂的过程，但每一个毕业生在有限的时间里，面对大量的用人信息，不可能也无需不分轻重缓急逐一落实。一般来说，毕业生个人对职业评价都会有一定的思考，此时比较实际的做法就是根据个人对职业评价的思考，将符合个人发展方向的用人信息按重要性、紧迫性综合排队，有重点地了解。

（三）如何利用用人信息

在运用信息时应当注意以下几个方面：

一是要及时注意用人信息的发出时间、有效时间。原则上所有信息都应尽早利用，力争捷足先登。如果晚了一步，用人单位已与别人签约，即使自己比别人强，用人单位也爱莫能助。

二是要针对招聘单位性质竞聘岗位的特点、应聘人员的情况，发挥个人优势，充分表现自己的特长，适合用人单位的需求，去争取竞聘的成功。

三是不为一时一事的失利而苦恼，要充分相信自己的实力，不断总结求职经验，及时调整心态，转向新的选择。

二、在面试阶段把握机遇

一般来说，用人单位通过面试达到以下几个目的：（1）考察发展背景。主要考察毕业生的个人情况，如民族、性别、身高视力等自然状况；家庭主要成员及社会关系；文化程度、毕业学校、所学专业、接受过哪些培训、从事过哪些工作，参加过哪些社会活动等等。（2）考察智商。主要考察毕业生的知识层次，所学专业课程、学习成绩、外语和计算机水平等等，以及实践能力、操作能力、组织领导能力、口才、文笔等等。（3）考察情商。主要是考察毕业生的人生观、价值观、敬业精神、人际关系、适应能力和自我激励能力等。（4）考察形象。主要是考察毕业生的相貌、言谈和仪表等。（5）考核求职者的动机与工作期望。

（一）把握面试机遇的关键在于面试前进行有效准备

1. 充分了解应聘单位

对用人单位的性质、地址、业务范围、经营业绩、发展前景，对应聘岗位职务及所需的专业知识和技能等要有一个全面的了解。单位的性质不同，对求职者面试的侧重点也不同。毕业生应该通过熟人、朋友或有关部门了解当天进行面试考官的有关情况及面试的方式过程以及面试时间安排，索取可能提供的任何证明材料。

2. 使自己的能力与用人单位工作的要求相符合

求职者面试前应对自己的能力、特长、个性、兴趣、爱好、长短处、人生目标、择业倾向有清醒认识，尽量使自己的能力与工作要求相适应。参加面试时，通过显示对知识的掌握和理解来表达自己希望进入这一职业工作的愿望。

3. 模拟可能向招聘者询问的问题

面试前不经过角色模拟，便无法达到最佳的效果。一些负责招聘的人事主管提出，求职者应当乐意提问题，这样招聘者才能知道求职者的水准及想了解的问题。

4. 对可能遇到的问题进行准备

这项准备有助于认清自己真正的想法，有助于在面试的现场能够清晰地自我表达。

5. 练习处理对你面试不利的事情

即使曾有一些不愉快的受挫经历，即使自己曾经犯过错误，也可作为一段可供学习的经验加以陈述。务必用积极的情态抵消消极的情态，最好不要说有损自己形象的话。

（二）把握面试机遇进行自我认知十分重要

要自信地应对面试，首先要对自己有清楚的认识。具体的做法是：

首先可以写出几件自己认为可以称得上成功的事情，并逐一分析这些成就，列出最主要的几项技能。

其次同一件事情，各人有截然不同的处理方式，这取决于每个人不同的个性。为弄清自己的个性，可以通过分析成就，用一些形容词来归纳自己的性格。

最后确定与个性、兴趣相符的工作环境。工作环境不仅指具体的工作岗位，更重要的是工作单位的文化背景。

（三）把握就业机遇必须做好面试的心理准备

面试就好比是一场考试，在测试每个人的能力，也在测试每个人的心理素质和临场发挥。因此，要成功面试，首先要充满信心。"天高任鸟飞，海阔凭鱼跃"。保持良好的状态、快乐的心情。其次，要抓住招聘者的关注点。招聘者可能会先评价一个求职者的衣着外表、仪态及行为举止；也可能会对求职者的专业知识、口才、谈话技巧做整体性的考核；还可能会从面谈中了解求职者的性格及人际关系，并从谈话过程中了解求职者的情绪状况、人格成熟度、工作理想、抱负及上进心。

（四）把握就业机遇必须做好业务知识准备

与应聘岗位相关的专业知识、业务技能等要熟知，备上一份求职材料，供招聘者查阅参考。准备当天可能用到的个人资料或作品，携带相关证件，以便在面试过程中进一步向招聘者提供有关自己个人的相关资料。

三、在签约阶段把握机遇

（一）把握签约机遇的关键在于签约前的准备工作

把握签约机遇要增强法律意识，学会用法律保护自己的利益。高校毕业生在签约前要对《中华人民共和国劳动法》和相关法规多一些了解，认识到劳动合同（就业协议）的重要性，知道哪些合同不能签，哪些合同条款含义不清可能引起争议等等。当前，有些用人单位利用大学生找工作难的时机和大学生求职心切的特点，把大学生招来当作廉价劳动力使用，如果事先没有签订一份合理合法的合同，到时就有苦难言了。

签约前要充分了解应聘单位。对用人单位的性质、地址、业务范围、经营业绩、发展前景，对应聘岗位职务及所需的专业知识和技能等要有一个全面的了解。对用人单位的创业水平、福利待遇、使用意图、工作环境、服务时间等要有较全面的认识，以便有针对性地在面试前做好充分的思想、心理和有关方面材料的准备。这样在签约时才能胸有成竹、从容不迫。

毕业生要对自己的职业生涯做一番认真思考和规划。毕业生要用更多的精力来考虑自己的职业生涯发展。面试前毕业生考虑的是怎样被用人单位看中，唯一的目的是向招聘单位成功地推销自己，但到签约时，角色已经转换，必须要考虑单位是否适合自己，而不是像面试前重点在于挖掘自己以使自己显得恰好符合用人单位的需要。

签约前对自己的能力特长、个性、兴趣、爱好、长短处、人生目标择业倾向有清醒认识。认真阅读所收集到的所有信息并牢记它们，尽量使自己的能力与工作要求相适应。面试时通过表现自己对知识的掌握和理解来说服用人单位，促成签约。

模拟询问的问题促成签约。面试前不经过角色模拟，便无法达到最佳的效果。一些负责招聘的人事主管提出，求职者应当乐意提问题，这样招聘者才能知道求职者的水准及想了解的问题。

（二）把握签约机遇要恰当地使用相关技巧

营造温馨的气氛。与用人单位的招聘人员聊聊共同的生活体验和趣事，以营造温馨、愉快的气氛，然后适时提出签约的要求，自然而不勉强，成功的可能性相当高。

学会察言观色。招聘人员行动时，会有一些现象，比如对求职者的解说，点头表示同意，或拿起就业推荐表仔细端详等，这时把握机会，立即提出签约要求，十之八九都能成功。

尝试把自己对单位前景充满信心的信息准确表达出来，让用人单位感到求职者是真心想把个人的命运与单位紧密地联系在一起。

适时谨慎地赞扬单位的领导和员工，抓住一两个方面谈及自己对单位的了解，使对方感到你关注并满意该单位，但不宜谈单位生活、工作条件优越的方面。

一定要介绍自己适合单位需要的专业技能和特长，让用人单位感到录用后能充分发挥专业特长，为单位的发展服务。

（三）把握签约机遇就要果断坚决，不能迟疑

签约对于毕业生无疑是一种唯一性的抉择，有很大的机会成本。往往是最想去的单位总是迟迟不定，但不是最想去的单位却又催得很紧，越来越精明的用人单位偏偏还要在接收函上加上一个短短的期限。如果等后面那个，又必然错过前面这个，签了现在这个又意味着要放弃可能更好的后面那个。"麦穗理论"和"次优理论"早就告诉我们要做理智的决定并不难，合适就好。而要合适，

则一定要在全面了解用人单位的基础上规划好自己的职业生涯，只要单位的工作能与自己的职业生涯较好地结合起来，就不失为一个理想的决定。

（四）把握签约机遇要注意细节问题

签约的细节也是把握签约机遇的重要问题，细节包括如户口、档案、违约等问题。一是户口问题。毕业生到家乡以外的单位就业，首先应清楚户口落在何处。二是档案问题。毕业生应提醒用人单位签约时提供详细的存档机构及其地址。为了不影响毕业生按时报到并办理相关手续如各类保险等，毕业生有必要提醒用人单位提供正确而详细的档案转寄地址。三是要在协议中明确违反协议的责任，因为从毕业生就业的实践看，大部分就业协议都得到了认真履行，但由于种种原因，每年总有一些毕业生和用人单位违约。对违约行为，教育部在有关规定中明确违约一方必须承担违约责任，并支付一定的经济赔偿金，但并没有规定明确的数额。对此，毕业生在与用人单位签约前，除了学校的规定外，还要与用人单位进行协商，对可能发生的违约责任予以确定，对赔偿金额予以明确，以便任何一方发生违约时，都可以有据可依，避免无谓的损失，另一方面违约金的约定也是对毕业生或用人单位履约的一种保证。

四、在职业发展阶段把握机遇

大企业就意味着安定，进入名牌企业就代表着安心，进入机关事业单位就是旱涝保收，这种时代已经一去不复返，随着经济体制的变革和企业运营战略以及个人职业观的变化，加快了人才流动的速度，跳槽就可能成为人生的一大转机，这就存在着职业发展机遇。如何把握职业发展机遇呢？

第一，多一份准备，多一种选择。现实生活中，我们不难看到这样的求职场面，一面是企业急聘某类技术人才，得不到响应；另一面又是简单劳动力的大量过剩。一面是高薪诚聘、有优厚待遇的醒目招牌；另一面又是为三五百元工资的岗位挤破了脑袋。应该说，自身素质的优劣高低，能够决定一个人求职范围的大小。如果没有多一份准备的思想，就不会有再次自我选择职业的机会，也不会有改善自身生存条件的可能。只能是被动地接受社会的选择。所以在大学就读期间应千方百计地培养自己全方位的素质，为将来职业发展机遇创造自身条件。

第二，把握职业发展机遇就要树立多次就业观。因为现在高校毕业生就业竞争日趋激烈，毕业生直接实现自己终极职业目标的概率是很小的，如果毕业生一味追求终极职业目标，就往往会放弃次优就业岗位，进而一步棋走错，步步落后，最终在职业生涯上失败。

第三，把握职业发展机遇就要从第一次就业时就做好充分准备。在考虑就业的条件时，把用人单位能否提供发展机会、能否有定期或不定期的培训机会、是否鼓励员工深造等等作为择业优先选择的条件。现在很多大学毕业生提出零工资就业，实际上是一种把握职业发展机遇的准备方法。

第四，踏踏实实做好现实岗位的工作。把正在从事的岗位工作做好，适应社会的需要是在职业生涯中把握机遇的前提条件。

第四节　毕业生就业权益保护

一、毕业生择业权益与法律保护

在毕业生就业过程中存在信息独用、不公平录用等侵犯毕业生权利的情况。在对毕业生进行就业指导过程中，经常有毕业生担心自己在就业中的合法权益能否得到维护，担心自己因权益受到侵害而在就业竞争中处于不利的地位。

（一）毕业生择业权益及义务

1. 毕业生择业权益

毕业生作为就业的一个重要主体，在就业过程中享有多方面的权益，目前，毕业生主要享有以下几方面的权益：

（1）获取信息权。就业信息是毕业生择业成功的前提和关键，毕业生有权获得准确、全面的就业信息，以便对用人单位有全面的了解。只有在充分收集信息的基础上，才能结合自身情况选择适合自身发展的用人单位。

（2）接受就业指导权。毕业生有权从学校接受就业指导，学校应加强对毕业生的就业指导工作。向毕业生宣传国家关于毕业生就业的有关方针、政策；对毕业生进行择业技巧的指导；引导毕业生根据国家和社会的需要，结合个人实际情况进行择业。使毕业生通过接受就业指导，准确定位，合理择业。

（3）被推荐权。毕业生享有被学校推荐的权利。高校在对毕业生进行推荐时，应实事求是，做到公平、公正、择优推荐。充分体现优生优分、学以致用、人尽其才的原则。

（4）选择权。毕业生在国家就业政策规定的范围内享有自主选择用人单位的权利，学校和用人单位均不得干涉，任何将个人意志强加给毕业生、强令毕业生到某单位，都是侵犯毕业生选择权的行为。

（5）公平待遇权。用人单位在录用毕业生的过程中，应该公平、公正，一视同仁。在现实工作中，毕业生的公平受录用权有时也会受到冲击。但随着各项政策和措施配套，完全开放公平的就业市场将会形成。

（6）违约及求偿权。毕业生、用人单位、学校三方签订协议后，任何一方不得擅自毁约。如用人单位无故要求解约，毕业生有权要求对方严格履行就业协议，否则用人单位应对毕业生承担违约责任，支付违约金，毕业生有权利要求用人单位进行补偿。

2. 毕业生择业义务

毕业生在享有法律、法规和有关政策规定得到权利的同时，也应当履行自己的义务。主要包括：

（1）实事求是地介绍自己，并维护学校的信誉和声誉。按照诚实守信的原则，毕业生有义务如实向用人单位介绍自己的情况，包括学习成绩、健康情况、在校表现、社会实践经历以及各方面能力，并如实提供可以证明自己情况的相关资料，这是用人单位准确了解毕业生的重要基础。

（2）接受用人单位组织的测试或考核。用人单位为了招聘到符合要求的毕业生，一般都要通过测试或考核手段来掌握毕业生的情况，毕业生应予以积极配合，接受测试和考核，充分展现自己的能力。

（3）自觉履行就业协议。毕业生有自觉履行就业协议的义务，按时到用人单位报到。遵守协议是就业工作顺利进行的保证，讲信誉是毕业生应尽的义务。毕业生签订协议后就不能随便违约，一旦违约，不仅影响学校正常的就业秩序，而且会损害用人单位、学校、其他同学等各方面的利益。

（4）按时到工作单位报到。《普通高等学校毕业生就业工作暂行规定》要求，毕业生办理完离校手续后，应持"报到证"按时到用人单位报到。如果自离校之日起，无正当理由超过三个月不去就业单位报到的，由学校或用人单报省毕业生调配部门批准，将其档案转至家庭所在地毕业生调配部门或县以上人才流动机构，户口转回家庭所在地，自谋职业。

（5）服从国家需要。虽然毕业生有相当大的自主择业权利，但仍有服从国家需要的义务。当国家重点建设项目或某些行业急需人才的时候，毕业生有服从国家需要为国家重点建设工程服务的义务。

（二）毕业生择业的法律保护

毕业生享有上述种种权益，但在就业过程中往往会出现一些侵害毕业生权益的行为，毕业生可通过如下途径对自身权益实施保护：

1. 就业主管部门的保护

毕业生就业主管部门可通过制定相应的规范来确定毕业生的权益，并对侵犯毕业生权益的行为予以抵制或处理。例如，《上海市高校毕业生就业信息登记制度具体实施办法》规定：对不履行就业信息公开登记手续，侵犯毕业生获取信息权的，市高校毕业生就业办公室不予审批，非上海生源高校毕业生进沪就业，不予审批就业计划和打印就业报到证，同时对这种情况给予通报批评，严重者将取消录用毕业生的资格。

2. 学校的保护

学校对毕业生权益的保护最为直接。学校可通过制定各项措施来规范毕业生就业指导和就业推荐，对于用人单位在录用毕业生过程中的不公平、不公正行为，学校有权予以抵制以维护毕业生公平受录用权；对于用人单位与毕业生签订不符合有关规定的就业协议，学校有权不予认定，不能作为编制就业方案的依据。

3. 毕业生的自我保护

毕业生权益保护的一个重要方面就是毕业生自我保护，毕业生应了解国家关于毕业生就业的有关方针和政策，熟悉毕业生在就业过程中的权利和义务，自觉遵循有关就业规范，接受其制约，保证自己的就业行为不违反就业规定，这是毕业生权益自我保护的前提。毕业生在报到后应享受正常的福利待遇如养老金、公积金等，对某些工作岗位的特殊要求，用人单位应与毕业生双向选择时就明确，用人单位不得以体检不合格为由将学生退回学校。

二、学校在毕业生就业中的权利和义务

学校作为毕业生培养单位，在毕业生就业过程中具有重要的作用。其权利和义务对毕业生和用人单位都有直接的意义。

（一）学校在毕业生就业中的权利

1. 审核就业协议的权利

教育部授权学校行使审核权，学校有权审核就业协议是否符合国家的就业政策，是否公正，是否符合签约的程序等。对于符合国家就业政策规定的协议应当签字盖章。

2. 维护学校声誉的权利

毕业生在择业的过程中利用了学校的声誉，学校有权利要求毕业生规范择业行为，维护学校的声誉。

（二）学校在毕业生就业中的义务

学校有义务对毕业生开展就业指导与服务，向用人单位推荐毕业生；学校有义务向毕业生和用人单位介绍学校情况和提供有关介绍资料；根据毕业生和用人单位的需求，学校有义务向他们提供有关就业政策及就业信息指导、咨询等方面的服务；学校有权利也有义务对毕业生、用人单位双方当事人的资格和学生相关材料的真实性、合法性进行鉴证，根据国家的有关政策规定，出具对就业协议签署是否同意的意见。

三、毕业生签约应注意的问题

毕业生就业协议明确了三方的权利和义务，具有法律约束力，涉及毕业生的切身利益，因而毕业生在就业签约时应注意以下几个问题，以切实维护自身在就业过程中的合法利益。

（一）查明用人单位的主体资格

用人单位必须具有从事各项经营或管理活动的能力，毕业生要明确单位有无录用指标和录用自主权，对无用人自主权的单位，要进一步明确人事关系代

理的其他事宜。因此毕业生在与用人单位签约时应慎重，在择业前要正确地进行自我分析，要了解自己到底适合从事什么样的工作，要结合自身情况并充分考虑单位的一些客观现实。在条件允许的前提下，可到单位进行实地考察，以避免浪费其他的就业机会和造成一些不必要的损失。

（二）按照规定的程序签约

毕业生就业协议书的签订程序一般是毕业生和用人单位双方签好后，再由学校签署意见，之所以这样进行，是因为多数学校在整个协议的签订过程中既是签约方又是鉴证方，有利于保护毕业生和用人单位权益。尤其是毕业生的合法权益。

（三）尽量明确有关条款的内容

现行毕业生就业协议一般为教育部或各省市毕业生就业主管部门规定的统一格式。但考虑到单位不尽相同，协议书有备注栏，为双方附加条款提供便利。双方可以将经过协商都能接受的约定条款，如试用期、薪资福利、具体工作部门和岗位、毕业生是否考研或公务员以及录取后的处理、违约责任等等在备注栏注明。

（四）注意就业协议的时间有效期和与劳动合同的衔接

就业协议，是现行毕业生就业制度下，毕业生从学校走上工作岗位的一种过渡凭证。毕业生和用人单位签订劳动合同后，就业协议自动终止。由于毕业生就业协议签订在先，为避免在日后订立劳动合同时产生纠纷，应尽可能将劳动合同的主要内容体现在就业协议的约定条款中，并明确表示在今后订立劳动合同时应予确认。

（五）明确违约责任

从毕业生就业的实践看，大部分就业协议都得到了认真履行，但由于种种原因，毕业生或用人单位违约现象也时有发生，毕业生在签约时要明确违约金数额及其他事项。对违约行为，教育部明确规定，用人单位和毕业生中任何一方违约都必须承担违约责任。

参考文献

[1] 蒋德勤. 大学生创新创业基础［M］. 北京：中国商业出版社，2020.

[2] 邓向荣，刘燕玲. 大学生创新创业［M］. 北京：北京理工大学出版社，2020.

[3] 陈虹. 大学创新创业教育［M］. 北京：文化发展出版社，2020.

[4] 陈丽如. 互联网+环境下的大学生创新创业发展研究［M］. 昆明：云南人民出版社，2019.

[5] 姬建锋，万生新. 大学生创新创业教育［M］. 西安：陕西人民出版社，2019.

[6] 陈磊，张晓敏，黄利梅，等. 大学生职业发展教育［M］. 重庆：重庆大学出版社，2018.

[7] 吴亚梅，龚丽萍. 大学生创新创业教程［M］. 重庆：重庆大学出版社，2018.

[8] 王长青. 大学生就业创业指导［M］. 南京：南京大学出版社，2017.

[9] 胡楠，郭勇，丁伟，等. 大学生创新创业指导［M］. 北京：人民邮电出版社，2017.

[10] 李时椿，常建坤. 创新与创业管理［M］. 南京：南京大学出版社，2017.

[11] 陈银. 科技时代大学生就业创业形式转变与发展——评《大学生职业发展与就业创业指导》［J］. 科技管理研究，2022，42（17）：253.

[12] 白婧静. 新媒体环境下高校大学生就业创业指导工作路径探索［J］. 创新创业理论研究与实践，2022，5（14）：110-112.

[13] 符彩花. "互联网+"背景下大学生就业创业指导工作创新分析［J］. 就业与保障，2022（05）：97-99.

[14] 潘伟，陈晓瑜，孟光兴. 新时代大学生就业创业指导课程改革与创新探究［J］. 高教学刊，2022，8（09）：37-40.

[15] 马艳华. "互联网+"时代大学生就业创业指导工作创新路径［J］. 人才资源开发，2022（01）：48-49.

[16] 薛珊，刘智颖. 大学生就业创业创新意识教育训练探究——评《职业生涯

规划与就业创业指导》[J].热带作物学报，2021，42（12）：3764.

[17] 于文华.基于大数据的大学生就业创业指导系统[J].微型电脑应用，2021，37（09）：37-39+43.

[18] 杨志聪.党建与思想政治教育工作如何在大学生就业创业指导中发挥积极作用[J].青年与社会，2020（29）：97-98.

[19] 杨伟华.大学生创业精神及创业能力反思——评《大学生职业规划与就业创业指导》[J].中国高校科技，2020（05）：104.

[20] 宁国臣.浅谈大学生就业创业指导的问题与对策[J].中外企业家，2020（15）：171.

[21] 康亚京.基于大学生创新创业数据的研究分析[D].北京：北京邮电大学，2020.

[22] 张文礼.基于区块链技术的大学生创新创业信息数据服务平台的设计与实现[D].南京：南京师范大学，2020.

[23] 刘宝忠.大学生创新创业精神培育研究[D].牡丹江：牡丹江师范学院，2019.

[24] 王艺昊.当代大学生创新创业思想教育研究[D].重庆：重庆交通大学，2019.

[25] 李玥.大学生创新创业生态系统研究[D].哈尔滨：黑龙江省社会科学院，2019.

[26] 李娜.新时代大学生创新创业能力结构与现状研究[D].长春：东北师范大学，2019.

[27] 赖美詹.高校创新创业教育对大学生创新创业素质及行为的影响研究[D].北京：北京邮电大学，2019.

[28] 于宝琛.新常态下大学生创新创业政策研究[D].衡阳：南华大学，2019.

[29] 许瑜铭."互联网+"视阈下大学生就业指导路径改革探索研究[D].郑州：郑州大学，2017.

[30] 邹良影.社会工作视角下的家庭经济困难大学生就业创业指导服务研究[D].武汉：华中农业大学，2013.